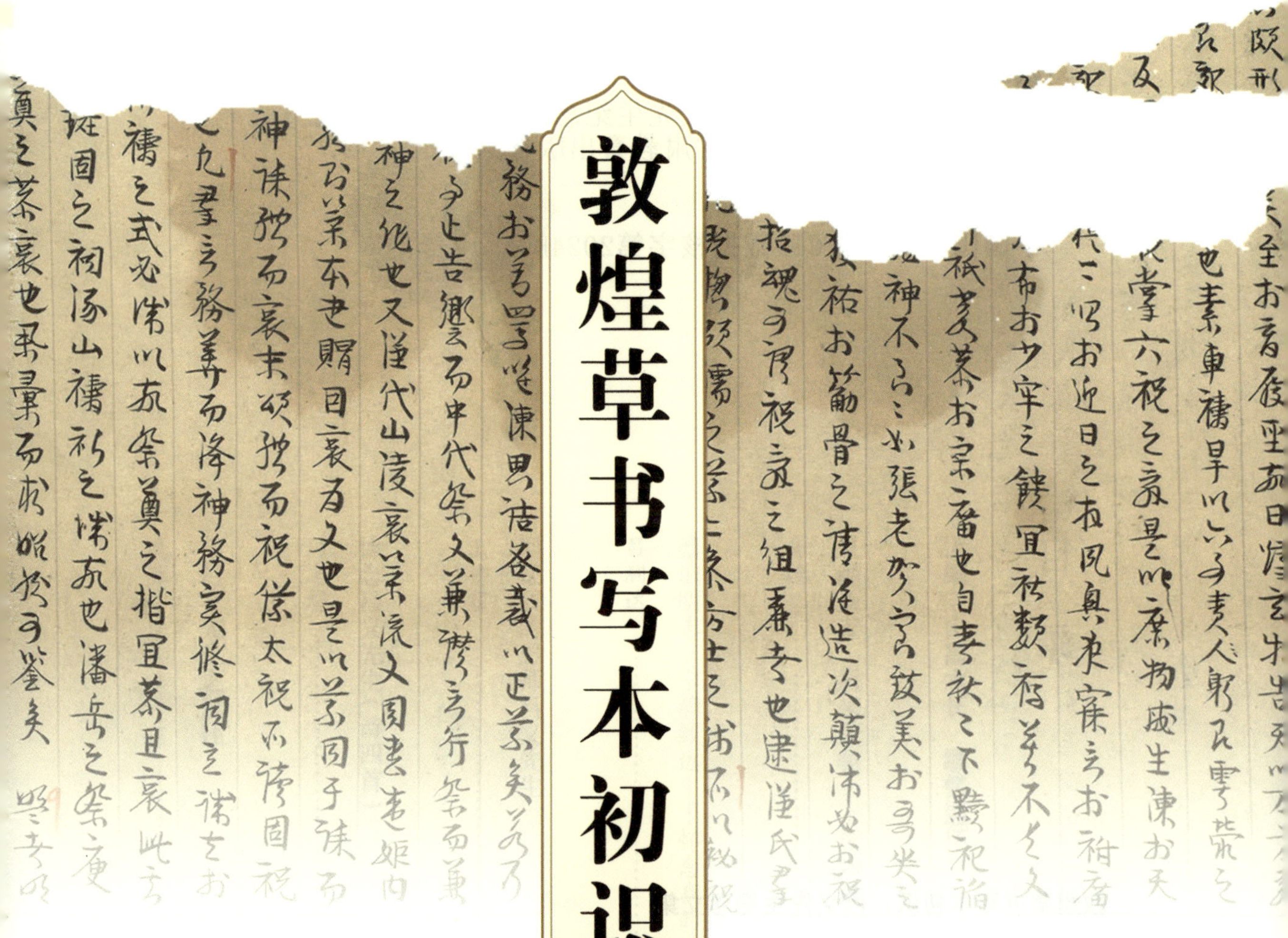

敦煌草书写本初识

吕义先生纪念文集

马德 主编　姚志薇 副主编

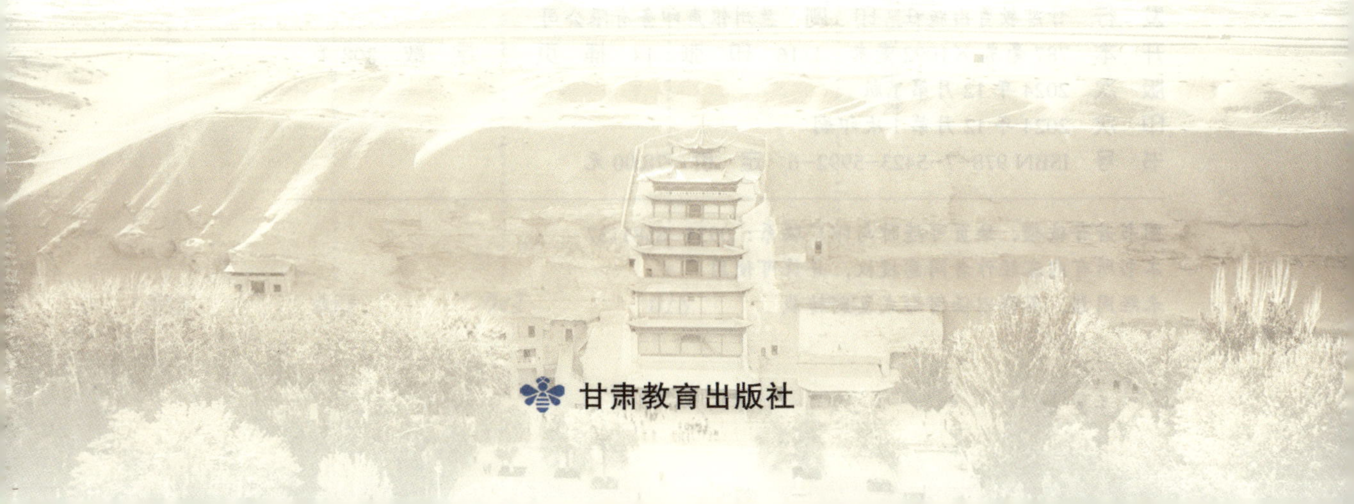

甘肃教育出版社

下编　禹迹九州　探赜索隐

山高水长 缅忆追怀

良师益友　后来先驱
——深切怀念国内首位敦煌草书写本研究者吕义老师

◎ 马德

2023 年 10 月 29 日，吕义老师在病床上与疾病顽强斗争了近一年之后，抛下了自己心心念念的敦煌草书写本整理研究工作，永远离开了我们。我一直接受不了这个事实，总感觉吕老师还在世，和我们一起继续从事着敦煌草书写本整理研究工作。转眼之间，吕老师离开我们快一年了。回忆和吕老师结识以来一起从事敦煌草书写本整理研究的点点滴滴，思念之情油然而生。

（一）

敦煌遗书中的草书写本分散于世界各地，从已经刊布的资料统计，总数约有 274 件。按照其书写内容可分为两大类：一是佛教典籍疏释类；二是公私文书类。佛教典籍疏释类按照其书写的内容，可详细分为经抄、经疏、论抄、论疏、律疏、传记、类书、辞书、杂抄九大类。公私文书类：一是公文书，仅有敕纸和牒状等官方文字；二是大量的民间私文书，有个人书信、习字、医书、文学书籍、杂写等。详细情况，可参考《敦煌草书写本研究检讨》（笔者与马高强合著，见《面壁穷经一甲子：施萍婷先生敦煌研究六十年纪念文集》，甘肃文化出版社，2023年）一文，兹不赘述。

最早关注敦煌草书写本的是日本学者。20 世纪初，日本学者狩野直喜赴欧洲访书时，从英国国家博物馆录回 S. 2506《唐史记事》片段，后收入罗福苌《沙州文录补》中，定名为《唐开元天宝残史书》。而日本学界对敦煌草书写本的整理主要集中于佛教文献方面：早在 20 世纪 20 年代初，日本举全国著名学者和高僧之力编修《大正新修大藏经》之时，敦煌文献已经被发现，所以，便收入了一些敦煌佛教文献，其中被收录并辨识的敦煌草书写卷共 16 件。2005 年，东京国书刊行会《卍新纂续藏经》第 53 册刊布法国国家图书馆藏 P. 2063《因明入正理论略抄》《因明入正理论后疏》（1914—2005 年）全文校录本，作《因明入正理论疏抄略记》。

国内除《文心雕龙》有传世本可以参照外，其他草书写本长期无人关注。个别相关的成果，要么是在日本人原有的基础上做校勘，要么只说是草书写卷而未识读文本。尤为让人哭笑不得的是，国内书法界的众多大家在讲到敦煌草书写本时都齐声叫好，但对写本的具体内容却无人涉及。原因不是别的，就是他们基本都不认识那些草书字！感觉能提一下就已经不错了，谁还去关注它是什么内容。2010 年 3 月 25 日，李洪财先生于复旦大学出土文献与古文字研究中心网站发布《敦煌草书写本目录及简析》，该文检索了作者在敦煌文献目录中见到的百余件草书写本。虽然收录不是很完善，但这份目录在敦煌草书的整理和研究方面具有奠基意义。

（二）

我 1978 年进入敦煌研究院工作，主要工作是对敦煌文献的整理研究，主要针对历史文献和石窟营造文献。1998 年以来，我负责敦煌研究院敦煌文献研究所的工作。作为所长，整理和研究敦煌藏经洞所有的出土文献是我分内的工作。好在许多领域都有专家研究，这就大大减轻了敦煌文献研究所的压力。但草书写本的整理研究，特别是汉文草书写本，一直是我这个负责人的心结。眼看着到了退休年龄，感觉如果在这个领域仍无所作为，怕是没有办法向老祖宗和世人交代了。大概是在 2012 年，我在网上看到一个帖子，是关于新建的山东博物馆大楼上的郭沫若题写的馆名的讨论。因为是草书，所以好多人对此进行了多种编排，出现了好几个版本，产生了一些不良影响。这件事让我有了自我安慰的理由：草

作者与郑汝中、吕义先生探讨敦煌写卷

书不能再提倡，让它自生自灭！这样的话，敦煌草书写本也不用再研究了，自己这个敦煌文献研究所所长也就可以坦然地退休了。

2000 年，敦煌研究院老前辈，书法艺术家、音乐教学与民族音乐史研究专家郑汝中老师出版了《敦煌写卷行草书法集》。2015 年 4 月，因协助郑汝中老师仿制敦煌乐器，我在郑老师家里与吕老师初次见面。看到他出版的《唐净眼因明论草书释校》，第一感觉是非常震撼！这本书堪称国内敦煌草书写本整理研究的开山之作！尽管之前有日本武邑尚邦的识读本，但限于条件，吕老师当时并没看到。其次是感觉到吕老师深厚的语言文字功底和书法基础，完全可以胜任敦煌草书写本的整理、释读和研究工作！通过聊天得知吕老师也已经对敦煌草书写本《文心雕龙》做了精准校勘，并识读了文物出版社出版的《中国书法全集·隋唐五代》中收录的收藏于国内博物馆的敦煌草书写本。而这些写本有些因为是残卷，连卷名都没有，吕老师却把这些"天书"逐字逐句地释读出来，让我非常激动！

我当即表示：第一，吕老师的这些优秀成果，一定要重新作为精品出版；第二，我们要请吕老师带领大家整理研究敦煌草书写本。我简单介绍了一下敦煌草书写本的研究现状：对于自己老祖宗留下的精品，中国人没有研究，反倒是日本人做得多一些；当下国内书法界视前人留下的标准草书体于不顾，而一味地追求乱七八糟的"创新"。对于后一点，吕老师是非常清楚的。而对于前一点，吕老师听后激情迸发，当即表示愿意为敦煌草书写本的整理研究竭尽全力。也就是这一次，彻底改变了我消极和颓废的观念。

2015 年年底我如期退休，但因为手头还有国家重大项目等一系列工作，于是接受返聘继续工作。退而难休，退而不休，而能遇到吕义老师，也是让我重新振作起来从事新领域研究工作的一个很重要的因素。在我看来，当不当所长，在不在职，都是一样干工作。这是因为，作为一名敦煌历史文化研究工作者，我欠了创造敦煌历史文化的老祖宗们的债！这个债是还不完的，但还一点是一点。

（三）

我们的敦煌草书写本整理研究工作是于 2017 年正式开始的。当时面临的困难比较多，基本上没有什么经费。好在我们已经拥有大部分敦煌草书写本的图片，尽管有一些是单色的，但也可以费力去辨认。我将部分资料提供给吕义老师后，他选定了《妙法莲华经》的疏、释一类的草书写本作为研究对象。而其他的草书写本，我组织学生和招募同行中的"志愿者"认领研究。计划以单篇（长卷）和分类（短卷）先出版第一辑。也就是在这一年，我在兰州大学敦煌学研究所招收了博士研究生马高强，让其专门从事敦煌草书写本的全面调查和系统研究工作及项目的联络工作。吕老师的学生王柳霏女士，敦煌研究院的同事姚志薇女士，中国社会科学院张远博士、陈志远博士，我的博士研究生段鹏，都参与了第一辑的整理和编纂工作。老同事盛岩海先生负责为大家提供写本图片。当时因为我手头有尚未结项的 2012 年度国家社会科学基金重大项目，所以暂时无法申报任何一级的社科项目，而吕老师所在的区级单位又没有申报项目的条件。好在国家出版基金项目可以申请，于是联系到社会科学文献出版社的周映希编辑。在该社领导的大力支持下，《敦煌草书写本识粹》第一辑成功申请为 2018 年的国家出版基

吕义先生手稿——《敦煌草书写本识粹》丛书目录

作者与吕义先生、周映希女士工作照

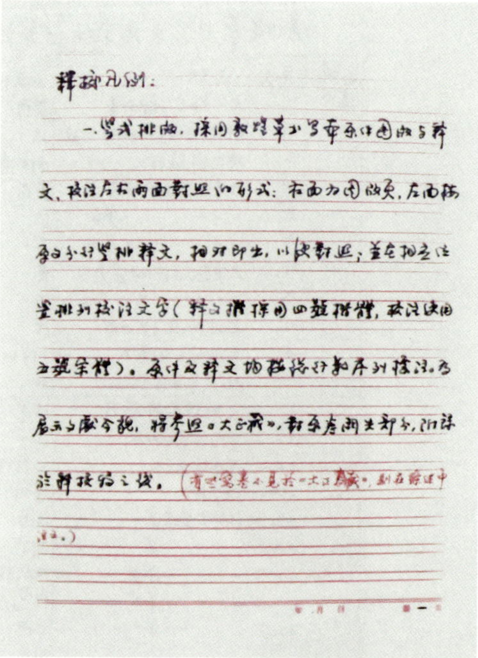

《敦煌草书写本识粹》体例（吕义先生书）

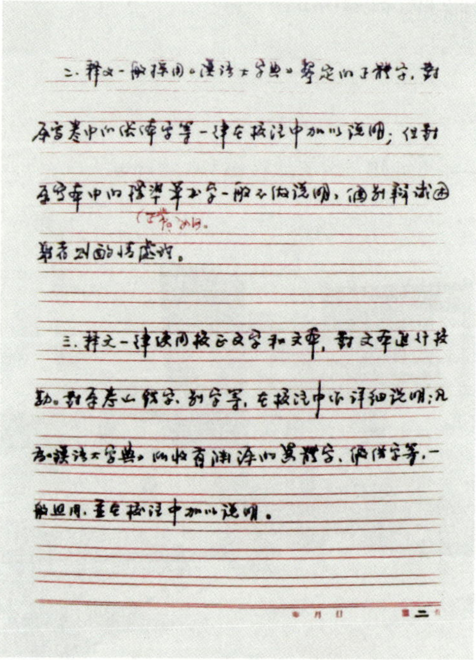

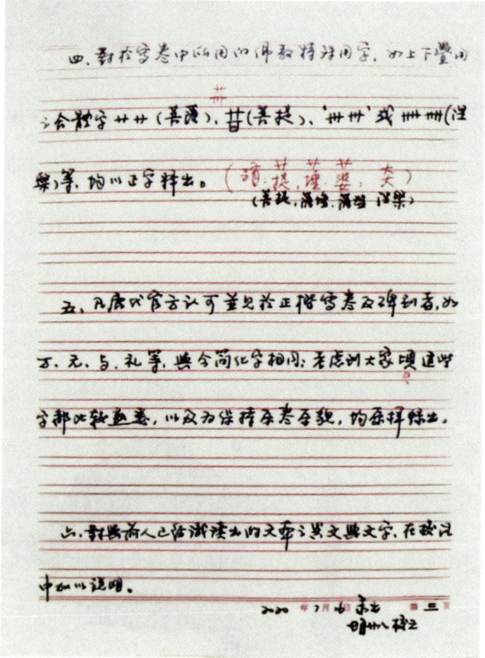

金资助项目。申请过程中有个小插曲：本来我的意思是让吕义老师排名第一，我排第二，可出版社方面经过权衡，考虑到个人学术影响力问题，还是把我排在了前面。对此，吕老师毫无怨言，仍然是夜以继日、废寝忘食地把全部精力投入敦煌草书写本的整理、释读和研究中。实际上，我们这项工作从一开始就是以吕老师为主进行的，主要的体例部分就是吕老师定下的。

正如我们在《敦煌草书写本识粹》总序中讲到的，在吕老师的影响和带动下，我们一下子回到 40 多年前，面临当时敦煌草书写本研究只有日本人在做的局面，大家都是憋着一口气，怀着"誓雪国耻"的民族自尊心和上对得起列祖列宗、下对得起子孙后代的历史使命，决心要做好这件事。因为吕老师不擅长用电脑，为此，吕老师让儿子吕洞达辞去高薪工作帮他处理。

就这样，我们一起撰写了总序，内容涉及敦煌草书写本整理研究的各个方面，尤其是研究价值方面，多为吕老师的意见。大家在整理研究的过程中，有不认识的字都向吕老师请教，吕老师都一一给予解答。我本人也不例外，好多字都是吕老师教我认识的，我应该是这个团队中受益最多的人。我的同事在调查石窟题记或整理敦煌非草书文献过程中经常向我提出问题，我解决不了的就去请教吕老师，也都得到圆满的答复。这样的事一直到吕老师生病也没有停止。遗憾的是，因为我的手机出问题，2023 年 5 月之前的资料都没有能够保存下来，电脑里的聊天记录（特别是图片）也被清理。好在同伴们手头都有一些记录，在本书中都以怀念的方式提供了一部分，让大家感受到吕老师强烈的历史使命感和诲人不倦的崇高精神！洞达后来也告诉我："父亲一直很珍惜和大家共事的日子，觉得这是个大好机会，能把他一生所学传授给后人。传承不是一代代人从零重新积累，而是后人不断地在前人的基础上推动向前，而我父亲觉得大家正是他意想中的薪火传承者，所以回答时也格外耐心细致。"

"千载敦煌万种情，飞天彩画色晶莹。更有写卷传寰宇，今释草书堪启蒙。"

诚谢马德老师惠发历代书法名帖全集："俯瞰全集又更新，篆隶真行草帖真。镇日观之无别骛，恐遗漏阅失黄金。"吕义谨书拙诗以志之。

从 2020 年到 2022 年，《敦煌草书写本识粹》第一辑陆续出版。遗憾的是，因为图片的问题，原计划的 20 册有 4 册未能一起出版。但总的来说，还是比较好地完成了任务。这套书的出版成为国内敦煌草书写本整理研究的起步，也是敦煌研究史上的一座里程碑。2022 年 1 月 20 日，吕老师在得知《敦煌草书写本识粹》第一辑即将出版之际，停下手头的校勘工作，兴奋地写道：

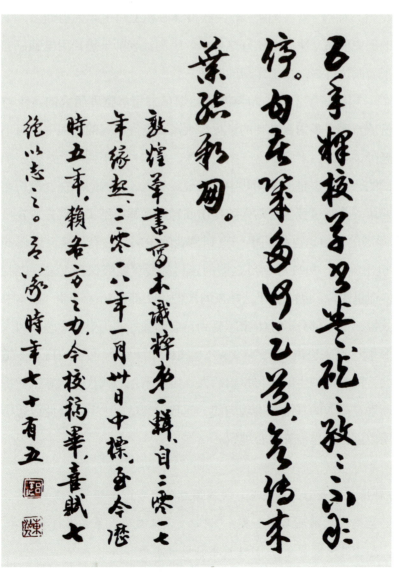

吕义先生书

敦煌草書寫本識粹

大乘起信論略述（卷下）

敦煌　吕义　主编

顾志兴　编著

社會科學文獻出版社

吕义先生书

五年释校草书卷，矻矻孜孜不敢停。甘苦几多何足道，欲传来叶结新朋。《敦煌草书写本识粹》第一辑自二零一七年缘起，二零一八年一月卅日中标，至今历时五年。赖各方之力，今校稿毕，喜赋七绝以志之。吕义时年七十有五。

同时又继续写出《读马德老师发"国家出版基金资助项目〈敦煌草书写本识粹〉第一辑（16 册）出版"有感》：

多年释校发春花，写卷终飞百姓家。莫道草书难辨认，敦煌识粹供君查。

2022 年 8 月，吕老师在收齐全套书后，即兴赋诗：

十六册书今已齐，四年合力战黄鸡。就中阙憾诚难免，敬请时贤著意稽。拙诗一首以记时意……东沽人吕义手录，时年七十有五。

吕义先生手持证书与周映希、胡百涛合照

2023 年 5 月，这套书获得全国古籍出版社 2022 年度百佳图书一等奖。6 月 29 日，出版社周编辑发来获奖证书图片，我立即传到微信群，病中的吕老师看到后非常高兴，第一时间表示"感谢大家！感恩大家！黾勉同心，共育芝花""病中闻此传喜讯，足凭照片长精神！"又当即赋诗一首："初心珍惜出书缘，寒暑无间历四年。写卷纷纷成册后，神明送奖众皆甜。——《识粹》喜获一等奖，书呈马老师、周编辑、胡博士。"7 月 1 日，吕老师致信于我："马老师午安！余住院二次，又在急诊待了半天一夜。主要是贫血羸弱，输血之后稍有恢复，然难以久坐，因此无法坚持工作。无可奈何！前天见知《识粹》荣获全国古籍出版社 2022 年度百佳图书一等奖，诚可喜可贺之事！振奋人心。此役全赖君家运筹帷幄之内，决胜千里之外。如此大喜之事，能否将证书彩印，给每个老师一份，留个永久的纪念？天气燥热，努力保爱！"获奖证书的事之前我就和周编辑联系过，但吕老师的信息实在让我惭愧不已。随即回复："吕老师午安！证书原件由周编辑给您送来。我这边将彩色扫描件发给其他老师。"7 月 12 日，周映希编辑和胡百涛博士一同到吕老师家中送上证书并合影留念。看着吕老师消瘦的面容和羸弱的身体，我心里暗暗祈祷，希望吕老师早日康复。

还是 2023 年 2 月，我们决定启动第二辑的整理编纂和出版工作。出版单位由出版第一辑的社会科学文献出版社换成甘肃教育出版社，考虑到丛书名的准确性，将第二辑书名改为《敦煌草书写本识萃》。病中的吕老师在继续从事《法华经玄赞》等写本整理研究的同时，还不断发微信鼓励大家：

识萃更新更向前，续编有幸聚群贤。敦煌草卷开新面，展翅扶摇上九天。大众樵柴火焰高，慧灯恒照路途遥。诚心共释草书卷，力挽千钧启响嚆。

正是由于吕老师的鼓励和鞭策，续编工作一直在正常进行。

（四）

非常荣幸的是，在与吕老师结识后的几年里，不光是草书项目，我的其他工作也得到吕老师的关注、支持和鼓励。记得在 2021 年的阳春四月天，我漫步在

作者与吕义先生、王柳霏女士合照

敦煌硬笔草书写本《杂缘起抄》

莫高窟前，眼前花红柳绿，感叹 40 多年的光阴一晃而过，自己已经 66 岁了，于是心血来潮，口占打油诗一首："信步灵岩扶榆桑，花前柳下觅佛光。恍惚花甲又半纪，总把夕阳当朝阳。"并附上几张用手机拍摄的现场照片发到微信朋友圈。吕老师看到了立刻回复："《和马老师诗》——千年石窟历沧桑，经折图书沐佛光。花甲倾心开释校，草书写卷映朝阳。"一个月后，我主持的 2012 年度国家社会科学基金重大项目在兰州举行结项会议，吕老师看到相关的报道和信息，随即赋诗予以鼓励："首席专家马老师，名归实至正当时。库藏数据存华夏，写卷千秋万代驰。"

　　2022 年底，吕老师被查出患有重病，但他对敦煌草书的整理研究工作基本没有停止，对所有请教的同仁都及时回复解难。2023 年 3 月，我曾将一件看似硬笔书写的草书写本发给吕老师看。当时已饱受病痛折磨的吕老师看到写卷照片后兴奋不已："此件草书熟练流畅，诚为草书精品。请问你有全卷否？如有电子版及录文，烦您将其发来，我令洞达打印下来，慢慢阅看。"看到全部图片后，又回复："刚刚使足力气，阅览您所发来的卷子。此图中之笔，昔在其他书中见过，是以知敦煌古有硬笔书法。每读唐人草书写卷则精神为之一振，真希望将其一一展现给今人，永传后世。"

9月初又收到吕老师的信息："我也想早点能恢复起来，心中有好多事情要做，不能因人去而《广陵散》从此绝矣。因太羸弱，现难以做事，然一想到和您相识，能成就一项工程，现在眼看着做不了了，心中非常难过。"看着吕老师的回复，让我落泪，悲痛不已。

因为身体的原因，吕老师这些年基本没有离开过北京。我曾经多次邀请他来兰州，去敦煌。他表示也很想来，但始终没能成行。这两年我不时去浙江绍兴会稽山小住，吕老师知道后表示了对兰亭的向往，我也非常希望能和吕老师一起畅游山阴右军古迹，奈何吕老师没有等到这一天。

（五）

吕老师带领我们大家开创了敦煌学研究的一个新领域和前沿阵地，功垂千古，名共敦煌。可以这么说，没有吕义老师，就没有国内敦煌草书写本整理研究这个领域的开辟！前期成果是吕老师带领大家做出来的，精神也是吕老师留给大家的。在几年的工作中，大家积累了整理研究的经验，掌握了相关知识，也培养了精读细研的精神。看着眼前厚厚的一叠书和身边成长起来的一批年轻人，我倍感自豪！我庆幸在为敦煌事业奋斗的征途中遇到了这么好的一位良师益友，这样富有开拓精神的先驱者，让我们的事业上了一个台阶。

同时，我也感到愧疚并一直在自责：自从开启敦煌草书写本研究项目，吕老师夜以继日地工作，本来就疾病缠身的他健康状况越来越差。我一直说，是我拖累了吕老师。如果没有敦煌草书的全面整理和研究工作，吕老师就不会那么累，也就不会早早地离我们而去；而且为了这个项目，吕洞达辞去了工作，真是"献了终身献子孙"。我多次向吕老师本人和他身边的亲友们表达歉意。可吕老师给我和他身边的亲友们多次表示，正是因为遇到我，才让他学有所用，有了更好的发挥自己才能的平台。一直到去世的前半个月，吕老师还发来微信："马老师早！

您是一个勤奋的人，善思之人，有大成绩的人。认识您是我的荣幸！通过郑老认识您真乃三生有幸！出书一事足见您的睿智。敦煌草书研究仍在继续，可见您的安排很稳妥。我因病不能襄助，十分愧疚。谨祝此书陆续成功出版！"我原本打算 11 月 2 日借去北京开会的机会看望吕老师，但非常痛心的是吕老师走了，我也失去了见他最后一面的机会，留下了终身遗憾和无尽的思念。

吕老师的去世让我们的工作受到了极大的影响。敦煌草书写本整理研究也是吕老师未完成的事业，我们后面还有很多工作要做。我们才出版了第一辑，后面还有第二、第三、第四、第五辑待出版。没有了吕老师，我们将会遇到更多困难，但吕老师把他的学识和精神一道留了下来，对手头未完成的书稿也做了妥善安排。今天和大家一道纪念吕老师，我们也一定秉承吕老师的遗愿，在第一辑的基础上，把剩下的敦煌草书写本整理好、研究好、出版好。

愿吕义老师安息！

2024 年 5 月 24 日于兰州

澹泊明志 宁静致远
——怀念我的父亲吕义

◎ 吕洞达

　　我的父亲吕义，在与病魔顽强斗争十个月后，于 2023 年 10 月 29 日中午，无奈丢下心中无限牵挂的敦煌写卷整理研究事业而溘然辞世，享年 76 岁。

　　1947 年 2 月，父亲出生在河北石家庄，因为是爷爷奶奶的老来子，所以被疼爱有加。再加上父亲说话早，每每在外有所见闻后都乐于回家复述给爷爷奶奶听，并得到赞许，从而被无意间培养了爱表达的性格和善表达的能力。此外，由于家人祖籍和周围环境的关系，父亲从小就熟练掌握了多种方言，对其日后研究声韵和写诗大有裨益。

　　关于父亲的出生，还有段趣谈。当年爷爷携奶奶欲从上海回天津的家，但路上交通皆因战事中断，所有船票也已售罄，因而被困在当地无计可施。一日，烦闷不已的爷爷独自出门，去街上步行散心，路过当地一家很有名气的算卦铺，于是突发奇想，转身迈步进门，想卜上一卦以宽心。落座后，与算卦先生刚一对视，便受到对方贺喜，爷爷问何喜之有。对方解释道，爷爷是二喜临门，一是将喜得贵子；二是将安然回到北方的家。爷爷摇头笑道："先生此卦不准，一是内人早已在英国人开设的医院里做过节育手术；二是兵荒马乱之际，交通无望，安然到家岂不是笑谈。"说罢，便放下银圆转身欲走。见此，算卦先生喊住爷爷说："不准不收费，但日后如若一一应验，只需在某报纸（当时上海一知名报刊）上刊文答谢即可。"出门后，爷爷正琢磨算卦先生的话，突然听到有人用天津话喊他小名，抬头寻去，竟是小时玩伴。对方听到爷爷正因回家遇阻而苦恼，笑称是小事一桩。原来该人在船上工作，正好近日就要起锚回天津，可送爷爷奶奶一程。就这样，原本无望的事情突然有了转机，爷爷奶奶顺顺利利地坐船回到了家。到家后不久，奶奶身体不适，本以为是舟车劳顿，经检查居然是害喜，就这样有了父亲。之后，爷爷如约及时在对方指定的报纸上，将时间、姓名、前后经过一一写明以作答谢。

父亲年少照片

不知道是不是因为单名一个"义"字，父亲从小对爷爷为其讲述的《三侠五义》很是着迷。此外由于爷爷年轻时的职业为火车司机，经常要走南闯北，父亲每每听到爷爷讲述其行走江湖时的亲身见闻时，总是心驰神往，估计在那个时候，年幼的父亲就在心中种下

父亲生前照片

了一粒种子，立志要成为一名有所作为的人。在我年幼时，父亲每每谈及爷爷，总是一副神采飞扬的样子，就好像他描述的是一位能文能武的大侠。

不过遗憾的是，父亲并没有继承爷爷身上的武学，因为奶奶并不同意父亲学武。自从跟着爷爷生活以来，奶奶见过其做过不少见义勇为的事，虽然受到赞誉，但在奶奶看来都是危险之举，因此并不希望父亲走类似的道路。但听着各种武侠江湖故事长大的父亲，自然总会缠着爷爷教两手，爷爷拗不过，就教了些摔跤的入门技巧。本也无事，但由于父亲入小学时尚未满 5 岁，在学校个头一直很小，就有大孩子想欺负他，结果对方在一推一搡之间，被父亲借势来了个过肩摔，好巧不巧的是，对方落地后头皮被地上一铁皮划开了个口子。为此，爷爷奶奶不仅要去学校道歉，还要带对方去医院缝针和打破伤风针，而破伤风针在当时很稀有，很是昂贵，奶奶心疼，就责怪爷爷。之后爷爷对父亲感叹地说道："你还是好好学习文化吧。"

武学虽然没有继承到，但父亲倒是把爷爷爱看书写字的习惯都学了过来。据父亲讲，爷爷几乎每天都会正襟危坐地看书，并用毛笔至少写 200 字小楷，父亲觉得有趣，便也拿着毛笔照猫画虎一般跟着写。但是一开始，父亲对方方正正、法度严谨的楷书并不感兴趣，而对草书、隶书、篆书却兴趣极浓。心想汉字怎么可以这样写呢？太奇怪了！尤其是篆书、草书两体，许多大人都不能全识，因此更觉得神秘玄奥，令人向往。好在爷爷并不苛求父亲如何，只是告诫他说："当今之时，学书要从正楷入手，才能符合时代的需要。王羲之、王献之、柳公权、欧阳询、颜真卿、赵孟頫皆是古代楷书大家。另有魏碑亦是楷书大宗。只有楷书基础牢，才能进一步写好行草。"因此父亲得以信马由缰、无忧无虑地徜徉在古体字中。过了一段时间便略已上手《四体百家姓》中的草、隶、篆三体。闲暇时，父亲便经常在地上、屋门上、院门上用粉笔书写小篆、草字，引得一些大人问他："写的是什么字？"这样一来，更激发父亲学习篆书、草书之兴趣。父亲回忆彼时心境时笑着说："每到这个时候，心中总会荡漾起一股难以名状的成就感。但如今看来，浅薄之至，可笑之极。"

其间因写字还有件趣事。父亲八九岁时的某天，在河南省郑州市南一马路43 号院门上，用粉笔小篆写下"福如东海长流水，寿比南山不老松"的古对联。此后有解放军路过这里，队伍过院门时，队长喊停，队伍整齐立定。年轻的队长和蔼地向在地上玩弹球的孩子们询问："门上的对联是谁写的？"孩子们都伸手指向父亲，队长却笑着表示不信。为证明是自己所写，父亲掏出粉笔在院门上又用小篆写下几个字，队长见此，与父亲交谈之后，终于相信是其所写，笑着夸他并塞给他 500 元旧币（折合人民币 5 分钱）。因为怎么都推却不掉这笔钱，父亲急得跑回院中告诉奶奶。奶奶马上追上部队去还钱，结果钱还是未还掉。事后，爷爷先表扬父亲习字上的努力，后批评他不该收钱。之后又说："这位队长乃大善之士。托他的福，也许将来你能写得手好字。"每每回忆起此事，父亲说仍清晰地记得那位队长离开时满怀鼓励、笑而挥手的情状，感动如初。

1958 年，父亲考入郑州市铁路职工子弟中学后，业余时间最大的爱好却是照着小人书来画古代人物和车马。此外由于中学不再要求集中写作业及同学互查，父亲在书写作业时常草草写就，敷衍了事。老师见父亲作业潦草，就派班干部上门传达批评。事后爷爷虽颇为伤情，但却和言细语地对父亲说："你看华（以志）表叔家，书香门第，人家和天津卫的大书法家华世奎是亲戚。所以表叔的字、孩子们的字都能写得方正规矩，家风所致，咱们家自愧不如。"此话对父亲刺激很大。父亲觉得自己太让爷爷失望了，由此，暗下决心，收敛玩心，苦练正楷。

1961 年 7 月，14 岁的父亲从郑州铁路职工子弟中学毕业。为了补贴家用，父亲开始在郑州火车站做夜工，火车没到站时就合衣躺在站台上抓紧时间小睡，而火车一靠站就立马起来人拉肩扛地往下卸货，很是辛苦，但也磨砺了父亲坚毅的性格。同年 12 月，奶奶去世，而爷爷也更加体弱多病。于是在 1962 年的 2 月，当时才 15 岁的父亲，带着我 70 岁的爷爷从河南郑州来北京投靠了奶奶的娘家，并落户在北京丰台区。1962 年 11 月，父亲被分配到了丰台区南苑百货部上班，因为能写会算，踏实仔细，被安排到会计室当学徒，生活状况得以好转。此外，另一收获就是有幸结识了南苑百货部的副经理李秀铭先生，其年轻时曾在湖社学习，接触过当时的书画名人，书画确有师承，擅长国画山水和梅兰竹菊。其行书专师赵孟頫，隶书学邓石如，亦偶写草书。每日晚饭后，李先生总会到百货部写写画画，并和大家聊天。父亲通过与其交流，在书画艺术上进一步得到了指引，并因此陡觉书画天地竟然如此广阔，真可以学究天人之际，因而学起来更加专心致志、锲而不舍。因先生待人温和仁厚，爷爷曾嘱咐父亲说："李先生一家厚道慈善，其人又且多艺，你可多向李先生求教。"父亲感恩此段经历，曾通过友人寻得李秀铭山水习作两小张，珍藏以为纪念。

1962 年期间，依次得到的《张相国西湖记》和《柳公权标准习字帖》这两本字帖，让父亲走上了临写唐楷之路。之前父亲很少见到古代字帖，所以只是照着《四书集注》和《新华字典》来练楷书，虽然由此读了古书，也记住了很多繁体字，但在练习楷书书法上却助力不大。直到看到《张相国西湖记》一帖，父亲深

江南春
己秋
画于北京
嵋邮

丁巳初冬
画于首都
嵋邮

李秀铭先生习作两张

觉帖中楷书端庄大方、美丽怡人。他爱不释手，乃反复临之。年老时仍能背诵出帖中佳句。而之后的《柳公权标准习字帖》，展示了不少古代楷书名家的碑帖照片和文章。父亲觉得其内容丰富多彩、妙不可言，因此读记起来十分认真。其中的楷书风格各异，例如欧阳询的楷书端庄漂亮，但比张之万的字瘦，令当时的父亲有些无所适从。对于父亲的疑问，爷爷解答道："大欧（欧阳询）是四大书法家之首，唐楷是古人学书的榜样，当然可学。且张之万的字也是学古而成，学习唐楷是寻根溯源，是学书的正途。"至此，父亲走上了临写唐楷的学书之途。后来虽然听人说张之万的楷书是馆阁体，没有艺术性，不值钱，但父亲想，如果人人都能写一手如此漂亮的楷书字，心情会是多么愉悦，又何必谈利益。因此父亲并不多注重于此，而是以期博采众家之长，同时勤学苦练，不断地磨砺自己，孜孜不倦地追求更高的艺术水准。

两本字帖令父亲眼界大开。父亲方知学字要多钻研古帖，在四处求帖之际结缘北京琉璃厂文化街。其年少时常常为了能省出多买一本字帖的钱而选择不坐公交车往返，并在随后的几十年中，一有兴致便会前往琉璃厂文化街，醉心忘返于各大书店的字画书海之中。

上图拍摄于 2016 年 9 月 3 日，父亲和母亲于琉璃厂文化街

1966 年摄于南苑照相馆

　　1964 年 7 月，爷爷病重，入院后不久便去世。父亲时年 17 岁，便要学着独自一人面对生活。认真工作之余，其读书习字不辍，一来不敢有负父母，二来也是遵从自小所学之"求古寻论，散虑逍遥，欣奏累遣，戚谢欢招"这一人生指引吧，总觉得越迷茫难过之际，就越要发奋读书。

　　之后不久，失去双亲庇护和引导的父亲由于涉世未深却又仗义执言，命运遭遇重大变故，并在随后十数年里身陷人生低谷。即便如此，父亲始终牢记小时候爷爷为其所讲解的"节义廉退，颠沛匪亏"之理，人生越是挫折困顿，就越要坚持做人的底线，从而无愧名字中的"义"字。其间，虽然父亲孑然一身负重前行，但却意志坚强。当他发现自己逐步丧失语言能力后，就开始强迫自己和自己对话，或者对着空无一人的屋子说书一般讲述《水浒传》《三国演义》等名著，从而慢慢恢复了说话的流畅，但也因此在余生落下了经常自言自语的症状。他始终心

70 年代父亲在 6 平方米小屋里认真习字

70 年代末 80 年代初的照片

1979 年，父亲在 6 平方米小屋前开怀大笑

怀希冀，秉守"天行健，君子以自强不息"之志，静待云散月明之时。因此哪怕日常劳动繁重、生活困顿，父亲仍勤学不懈，在有限的空闲时间中，将自己沉浸在文史书法的世界里，阅读一切能找到的书籍，并曾静心抄写《史记》且加以背诵。

随着 1976 年的到来，春天的气象也愈发明朗，父亲身上如冰山一般的巨大压力也渐渐消解了，并随后在劳动中与母亲相遇、相识、相知、相惜。不过欣喜之余，也让父亲对生活中发生的变化有一丝苦恼，后来每每提起，父亲总是笑着说："觉得从那时开始，看书写字的时间要被迫压缩了。"

1979 年 7 月，父亲的天晴了，每每谈及此，父亲总说虽然往事不堪回首，但既然过来了就要往前走，之后更要好好生活、多做贡献。并随后在同年与母亲

2015 年前后，父亲于 6 平方米故居旧址留念（6 平方米小屋作为危房已被推倒重建）

领证结婚，开启了人生的新篇章。身上的精神枷锁一朝卸下，人的精气神立马就恢复了，在曾经独居的 6 平方米小屋前，父亲露出了久违的开怀大笑。

　　党的十一届三中全会后，春满大地，百废待兴，父亲也正式恢复工作，并被调到丰台区副食品公司朱家坟商店任主管会计。当时离家几十公里远，又有多年的乱账需要处理，父亲以百倍的热情投入工作中，自愿加班，一副只争朝夕不负韶华的劲头，吃住在朱家坟商店，只两周回家一个周日，剩下时间全部用来梳理历史数据，好像要把失去的时间都补回来的样子，最终在四个月内便高效出色地完成了任务，并在之后的公司各下属商店会计工作评比中，将朱家坟商店从落后代表荣升成先进代表。因为工作优秀、能力突出，1982 年父亲被上调到丰台区副食品公司的财会科，后又相继在服务办、企管科任职，担任副科长。之后，又在 1985 年通过了北京市司法局的法律顾问考试，在公司法规科工作。

　　但我印象中的父亲，则是一天到晚都在伏案看书练字，即使后来一居室的家里有了黑白电视机，除了观看《新闻联播》之外，他都是背对电视继续学习，而且经常到很晚了都还坐在书桌前忙碌，而我早上醒的时候，他却已经穿戴整齐

摄于 1980 年笔会现场

了。小时候的我十分不解，好奇地想，难道他不需要休息吗？后来才懂，其实他是痛惜过去失去的时间，所以才会如此。也因此我小时候很喜欢停电，因为停电的时候，父亲才会有空和我聊天、做游戏或者讲故事给我听。

1993 年，父亲通过多年学习考试，终于修满学分，从北京师范大学取得中文本科学历，也成为公司里仅有的三位大学生之一。其间经历的艰辛数不胜数，不仅经常需要下班后坐公交车远赴市区内的大学听讲座，还需要在业余时间大量阅读和背诵。虽然其之前的基础对于古代文学史部分的学习有很大帮助，但是现代文学史、世界文学史及文学理论研究部分则是其不熟悉的领域，但父亲后来谈起这段经历时，觉得很是幸运，因为能借此机会向一些德高望重的老教授们请教，进行系统性的学习。但在求学期间的 1991 年，父亲遭遇了一次重大事故。那天晚上九点多讲座结束后，父亲要赶公交车回家，在穿过自行车道往公交车站走的途中，被一低头猛骑车的人撞倒。父亲的头重重磕在马路牙子上，当场昏晕过去，好在被周围热心的路人及时送医，被诊断为脑出血，需要紧急做开颅手术。母亲当天半夜被单位同事接送到医院签字，还好手术顺利。但休养期的种种不适，以及不得不办理的休学，再加上回忆中泛起的年少时的种种遭遇，让父亲情绪异常低落。他总是一个人沉默静坐发呆，书不看字不写，从此患上了冠心病和高血压。但好在消沉了几个月后，父亲终于凭借顽强的意志，又重新振作了起来，复课并积极投入紧张的学习中去。对于后脑手术后的疤痕，父亲一开始还留长发遮盖着，到后来理发时已经可以和理发师轻松提及了。

1995 年，父亲调入了丰台区财贸干校，一开始教授财会课程，后陆续教授法律、语文等课程。他备课时认真勤勉，课堂上则基于课本进行延伸教学，贯通古今中外，旁征博引，幽默风趣，尽可能地帮助学生们拓展知识面和开阔眼界；他不仅传道授业解惑，同时希望成为学生们的良师益友。教学十余载，一届届品学兼优、学有所成的学生是他人生最大的骄傲之一。哪怕对那些成绩不好或

摄于当选为卢沟书画艺术研究院副院长期间

摄于 20 世纪 90 年代中期

者学习懈怠的学生，他也尽自己最大努力去教，不放弃每一个学生，因为对他而言，这些孩子都是应有美好未来的国家栋梁，只是因为阅历所限暂时迷途而已。父亲用自己艰难求学的亲身经历来劝解学生们去奋发图强、敬时爱日，珍惜当前的宝贵学习机会，莫要让时光白白流淌，否则日后即便醒悟也将追悔莫及。虽然书法学习并不是教学内容，但父亲依然会额外教授学生们如何写好楷书。因为他觉得，楷书方正、工整、严谨、讲究，写楷书是用来修身养性的方法之一，虽然练字并不能在日后直接帮助学生们解决工作中遇到的难题，但也许可以培养他们认真、细致、耐心的态度及遇事三思的习惯。

从这一时期开始，原先的那个"小会计"变成了后来的"吕老师"。在教书育人的环境中，父亲在个人爱好上更加精进，楷、行、草皆大有所成。其间，父亲先后成为北京市书法家协会会员、中国老年书画创作研究员、北京市丰台区老年书画研究会副会长、卢沟书画艺术研究院副院长；并在闲暇时潜心研究草书渊源，并将研究心得写入《草书教程》中，该书被列为北

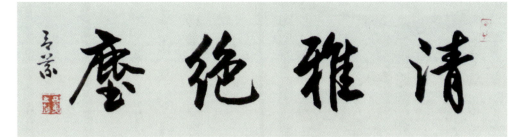

清雅絕塵

自古逢秋悲寂寥言秋日勝
春朝晴空一鶴排雲上便引
情致碧霄 唐劉禹錫詩
甲午冬書於北京呂嵩

书法展时与参展草书作品合影

京市丰台区老年大学书法教材。而这些都为日后结缘敦煌写卷事业埋下了伏笔。

父亲并不满足于成为一名书法家，而是以成为一位文人来作为自己的追求。于是，他日常学习时以历史为骨、艺术为翼，相互交织去提高自身文史哲及诗词的水平。与人交谈时，对于历史事件的时间、人物、来龙去脉、影响，涉及的精彩典故或诗词歌赋原文等，种种细节总能如数家珍、滔滔不绝，所以被人们誉为"活资料""活字典"。若有感怀，也总能沉吟片刻后作诗一首，不仅合辙押韵、符合古法，且选字用典都极为讲究。有时兴致来了，还会铺纸研墨，在楷、行、草三体中选用与诗意或心情最为契合的一体挥毫泼墨一番，畅快淋漓。

父亲像传统文人一样，关心国家大事，具有强烈的社会责任感。作为曾经的"副食人"，父亲一直关注民众的饮食安全问题；作为一名老师，父亲则关心教育；作为国家深化改革浪潮中的普通一员，父亲关心社会基层的诉求。1994 年，父亲担任了北京市丰台区第五届政协委员。在任职期间，他总是秉承先天下之忧而忧的精神，表达意见，为民众发声办事。因为工作出色，在 1999 年，父亲再次当选丰台区第六届政协委员。此外，父亲还于 1995 年加入了中国国民党革命委员会，在该爱国性质的民主党派之中，为中国社会主义建设及国家统一贡献自己的力量。

在 2002 年的一天，父亲在书店翻看一本由郑汝中先生编写的《敦煌写卷行草书法集》(甘肃人民美术出版社出版)时，其中 954 行的草书内容引起了他的兴趣。他觉得粗看之下，颇似章草名帖《出师颂》，细细品味之后，则感觉古雅质朴之气浓厚，老到精熟。但其中许多字与传统草书显有区别，且较难识释。在购入此书并细细研究后，父亲更加确定该草书写卷乃唐朝时作品，因为卷中"月"字出现三次，均作"囝"。此武则天所造字，始用于 689 年，至 698 年废之而用"囸"。至此，父亲敏锐地意识到在现有草书体系里，还有一块缺失的部分有待发掘整理，而这一部分就藏在敦煌的唐朝草书写卷之中。起初，父亲只是想等等后续对此卷释校的字帖问世，但久等不得，便产生了等人做不如自己做的想法，于是细阅详临之后，着手释之，日积月累，坚持不懈，其间参考了诸多贤俊的书作，例如沈剑英教授、释妙灵法师、黄征教授、江吟教授、(日)武邑尚邦等人。终于在十余年后，在母亲的协助下，全凭复印、手写、剪贴等方法完成了

摄于 2003 年前后

2009 年 11 月 24 日晚

2014 年 3 月 25 日，父亲正在校勘《唐净眼因明论草书释校》的手稿

《唐净眼因明论草书释校》一书封面

《唐净眼因明论草书释校》书中以硬笔小楷手
写的草书写卷释文部分

2014年夏，父亲校勘《唐净眼因明论草书释校》
初稿

释校编纂工作，并出版了《唐净眼因明论草书释校》。全书分四个部分：一、《因明论》与释文；二、释文异同表；三、文字编；四、跋与后记。该书既为学习敦煌草书写卷而作，又为探究《因明论》而不识草书者提供了一个楷草对照本，以便研读。其中专为《因明论》而编著《文字编》一举可称首出，工程浩大，父亲曾感叹此举足慰其平生之志。另外释文部分父亲皆以硬笔小楷手写而成，亦可当作楷书习字帖临摹使用。

在《唐净眼因明论草书释校》出版前后，父亲多次拜会了郑汝中先

《敦煌草书写本识粹》丛书宣传页

拍摄于 2015 年 4 月 13 日，马德教授和父亲在郑汝中老先生家中探讨敦煌写卷

生，并在郑老的家中有幸得见并结识了马德教授。马德教授是敦煌研究院敦煌文献研究所的所长，兰州大学历史文化学院博士生导师，多年来从事敦煌文化事业，作为学科带头人，对敦煌历史地理、敦煌石窟、敦煌文献、敦煌吐蕃文化研究和历史文化遗产研究等都有杰出贡献，并带出了一批批后继人才。经过一段时间的深入交流，父亲和马德教授彼此间惺惺相惜。父亲认为马德教授是一位精力充沛、事业心强、能力出众、有历史使命感和责任感的实干型学者，为此对其充满敬意。同时，父亲在书法领域的深厚造诣也给马德教授留下了极为深刻的

2022 年 5 月 14 日深夜 23 时，父亲还在孜孜不倦地埋头翻阅资料、编辑书稿

印象。父亲能够将各种草书碑帖上的字形全都烂熟于心，并且通过 60 余年的潜心研学，已将楷、行、草、隶等不同书体的字形演变融会贯通。此外，父亲还拥有深厚扎实的文史基础，这些都让马德教授对父亲极为看重。就这样，两位花甲老人又都焕发出年轻人的激情，决定携手合作，为弘扬中国敦煌文化、整理敦煌瑰宝及补全草书字形做出自己的贡献。从 2017 到 2022 年，从初期筹划到最终出

敦煌研究院苏伯民院长亲笔签发的聘书

《敦煌草书写本识粹》获奖证书

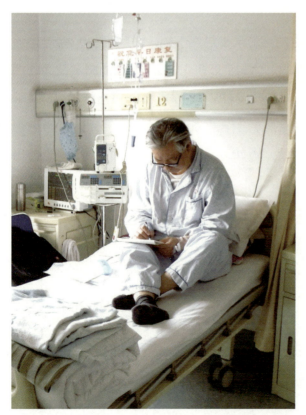

拍摄于 2023 年 5 月 24 日，父亲在住院期间仍在抓紧工作

版，《敦煌草书写本识粹》第一辑 16 册历经 6 年终于面世，进一步消除了"敦煌在中国，而敦煌学在国外"的刻板印象，也让普通大众有机会展阅摩挲千年前的瑰丽写卷，更为历史学者和草书研究者们提供了更多解锁草书字形的钥匙。

2021 年 8 月，父亲收到了由敦煌研究院苏伯民院长亲笔签发的聘书。父亲为此心存感激，并为能登上这个高水准的平台深感荣幸，他认为这是一个宝贵的机会，让他能将毕生所学更好地传授给下一代，在更多志向远大、学识渊博的杰

拍摄于 2023 年 7 月 12 日

出才俊中，实现知识的传承与创新，从而使中华文化薪火相传，发扬光大。

2022 年第一辑草书写卷面世后，父亲并没有丝毫懈怠，又开始紧锣密鼓地为第二辑的草书写卷积极筹备起来。但不想 2023 年春节刚过，父亲被确诊患上了胰腺恶疾，此后被病痛不断折磨着。虽然如此，但只要精神稍好的时候，他仍然不断地买书、看书、学习、做笔记。在 2023 年里，父亲还购置《岳麓秦简书迹类编》《汉代刻石》《中国草书字谱》《马王堆汉墓遣策整理与研究》《肩水金关汉简释文合校》《阜阳双古堆汉墓》等多本书来研究。每当快递员敲门送书时，他便会立刻有了精神。父亲说："人只要活着，就要学习和做事。"说这话时，他看向我的目光坚定而有神，似在自勉，亦是鞭策。

那天，父亲在收到由社会科学文献出版社的周映希与胡百涛二位编辑送来的全国古籍出版社百佳图书一等奖的证书后，十分欣慰，精神提振之下习字一篇，并即兴赋诗一首记于其上，以抒感怀：

《病中临灵飞经墨迹卷首》

六十年间一转瞬，

发须皆白病婴身。

幸将识粹公于世，

不愧今生与后人。

摄于《敦煌草书写本识粹》图书首发式现场

由于病体日渐羸弱，不胜劳累，父亲担心影响后续工作，便把手头四个写卷的释校工作交给了他的学生王柳霏。说是学生，但通过十几年来的教学交往，两人已是亦师亦友的关系。到了2023年10月下旬，父亲的病情突然加重，突发失忆症状，送医住院后，又先后出现了失语和神志不清的症状，甚至无法写字交流。父亲写了几十年的字，那时拿起笔后竟然无法分辨笔头笔尾了，更不要说写下只言片语了。但即使这样，在我和王柳霏去病房探视时，父亲听到王柳霏说一定会完成书稿时，他无神的目光突然清澈起来，清楚地说了个"好"字；又在听到我说手头的书稿再有两天即可整理完成给他过目时，他又清晰地说了一声"好"，并向我点头微笑。

两天后，当我兴冲冲地带着整理完成的书稿到医院去让父亲审阅时，却在迈入病房的一刹那，看到医生正在奋力对父亲进行心肺复苏，但心电监护仪上的波形却平静得可怕，只有一个点拖拉着一条长长的直线。瞬间我双眼模糊，完全不敢相信眼前的一切，我一下掏出整理好的书稿，俯身在父亲耳边大声喊着："爸，书稿我整理完了，整理完了，可以交给马老师了，您快看看呀！"就在这时，心电监护仪上突然传来了"嘟嘟嘟"的声音，几个三角波有序出现，但几秒后便又归于平直了。手上按压动作不停的医生抬头肯定地对我说："您父亲已经知道了。"事后我才知道，父亲的心电图其实已经平直了15分钟了，但他可能一直放心不下书稿进度，直到听到我的话后才安心离去。虽然那时他没法再对我说一声"好"了，但我相信以他的性格，应该是在欣慰中大笑离去的，只是我再也无法和他分享同样的心情，只有忍不住的泪水不断涌下……

父亲的一生，勤勉好学，坎坷曲折，坚忍顽强，守真重义，披肝沥胆，精忠报国，鞠躬尽瘁，死而后已……

吕义的基本履历

1947 年 2 月出生于河北省石家庄市，祖籍天津

1961 年毕业于郑州铁路职工子弟中学

1962 年参加工作，入职北京市丰台区南苑百货部，从事会计工作

1968 年，因被揭发有不满林彪、江青的言论而被戴上反革命分子的帽子，并被逮捕实行专政

1979 年平反后，调到丰台区副食品公司朱家坟商店任主管会计

1982 年调到丰台区副食品公司财会科，后相继在服务办、企管科、法规科担任副科长

1995 年，调入丰台区财贸干校，直至 2007 年退休

工作中的社会活动

1993 年，参加北京市高等教育自学考试，获得北京师范大学的本科毕业证书

1994 年和 1999 年担任丰台区第五届、第六届政协委员

1995 年，被批准成为民革党员

1993 年加入中国老年书画研究会北京市分会

1995 年加入丰台区老年书画研究会

1995 年成为北京市书法家协会会员

2021 年 8 月被敦煌研究院聘任为敦煌研究院兼职研究员

书法相关奖项和活动

1992 年 4 月，参加丰台区首届机关文化艺术大赛，荣获书法比赛二等奖

1992 年 5 月，参加北京市首届机关文化艺术大赛，荣获书法比赛优秀奖

1993 年 5 月，参加丰台区首届职工艺术节比赛，荣获书法绘画比赛一等奖

1997 年 3 月，参加《中国教育报》主办的"天马杯"全国教师书法比赛，荣获优秀奖

1997 年 12 月，参加北京市书法家协会主办的北京第二届临摹碑帖书法展，荣获三等奖

1994 年，获得中日少年儿童艺术导师大奖

2003 年，获全国优秀师生书法集二等奖

2010 年，获台北教育大学硬笔书法比赛成人楷书第一名

多年来，参加庆祝建党建国和各种历史纪念活动，书法作品被收入区、市、全国级多本集子中

三十年来，长期在丰台区老年大学和多处场所讲授书法和中国古代文学史

2006 年著有《草书教程》，被列为丰台区老年大学的书法教材

2015 年出版了《唐净眼因明论草书释校》一书

2022 年与马德教授合作主编出版了《敦煌草书写本识粹》第一辑，共计 16 册

回忆我的恩师吕义先生

◎ 王柳霏

　　我最尊敬和崇拜的老师吕义先生因病于 2023 年 10 月 29 日 13 时 15 分永远离开了我们，留给我们无尽的哀思和深深的遗憾！

　　吕义老师的博学令人惊叹！他对历史事件及年代，尤其是对书法史极为清晰，唐诗宋词也是顺口吟来。

　　自 2003 年至 2019 年，我有幸于丰台区老年大学先后在吕老师授课的草书班和文学班学习。吕老师用了三年的时间将北京师范大学出版社出版的《中国文学史》通讲了一遍。吕老师以史为纲，从先秦到两汉，再到魏晋南北朝、隋唐五代、宋辽金元及明清近代，从《诗经》《尚书》《春秋》《国语》《左传》《战国策》到先秦诸子的散文以及屈原的《楚辞》再到汉代辞赋，吕老师将其细细讲解，让我们对这段历史有了更深刻的认识。

　　我因为将《中国文学史》第一、二册借出，故借用吕老师讲课的课本看看，打开书一看，令人惊讶！难怪我们上吕老师的课，必须全神贯注，稍一走神，就会落下，因为吕老师每次讲课时都根据所列提纲将每个年代发生的历史事件进行详细备课。

　　吕老师讲，魏晋南北朝这个充满争夺、战乱频繁的时代，历史事件频发，我们看的电视剧《三国演义》就发生在这个年代。

　　公元 280 年西晋灭吴，最后三国归晋。魏晋南北朝时期，儒、释、道既斗争又融合，使社会思潮多元化，成为中国文学发展的重要阶段，留下了众多的传世经典，如曹植的《洛神赋》、刘勰的《文心雕龙》等，女诗人蔡琰的《胡笳十八拍》至今还作为古琴曲在弹奏、流传。

　　历史上的大唐盛世，由于经济高度发达，政治相对宽松，思想比较活跃，文学也进入了全盛期，尤其是诗坛，可谓百花齐放、硕果累累。到了宋代，诗、词、文等各体裁文学创作均成绩斐然，出现了全面的繁荣。那些妇孺皆知、家传户诵的词句，经吕老师详细讲解后，又有了更深刻的含义。"三十功名尘与土，八千里路云和月。"吕老师吟诵岳飞的《满江红》时铿锵有力，让我们被这位中国儒将精忠报国的壮怀激烈深深感动，对他被奸人所害的结局深感痛惜。吕老师在《中国文学史（第三册）》的扉页上这样写道：

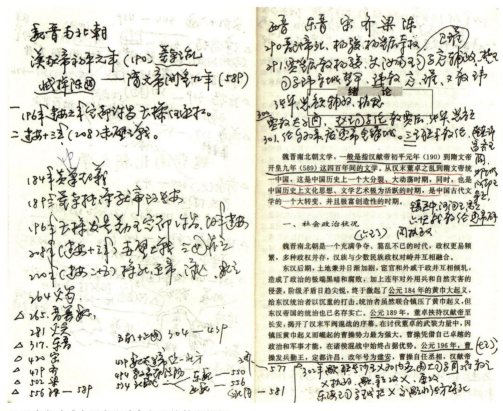

吕义老师在《中国文学史》上写的教学提纲

皇权独裁专制至宋，超越前代。然自以为掌控军权、财权便可万年无忧，岂知金人一侵，北宋轰然塌倒。南宋依然自控兵权、财权，残害良直，结果坏人当道，元人铁骑步女真之后，南宋亦轰然而亡。独裁专制者仍不悟，只能随之而亡。

明、清及近代的文学史，吕老师也都做了详细讲解。我们惊叹，吕老师如此深厚的文学功底究竟从何而来。听吕老师讲，他自小受老父亲教诲，从而喜爱文史和书法，从五岁开始学习书法，立志传承中华民族优秀的文学和书法艺术。吕老师早年曾将《史记》《古文观止》《唐诗三百首》《千家诗》抄录了一遍，所以在日后讲课时，对任何历史事件都能娓娓道来。偶尔他也会穿插一些野史小故事，寓教于乐，学习者自然乐在其中。

有一件遗憾的事情，就是我们文学班有几个喜欢古典文学的同学，请求吕老师给我们开个小班讲解由中华书局出版的《古代汉语》（王力主编），但未能实现。随着吕老师的逝去，这将成为我们永远的遗憾。

吕义老师酷爱书法，楷、行、草、隶、篆各体皆能，尤擅草书。他在丰台区老年大学教授草书，将各个朝代流传的经典草书字帖通讲了一遍。吕老师一直强调，学习草书一定要坚持"正宗、正统、正确"的原则。授课时吕

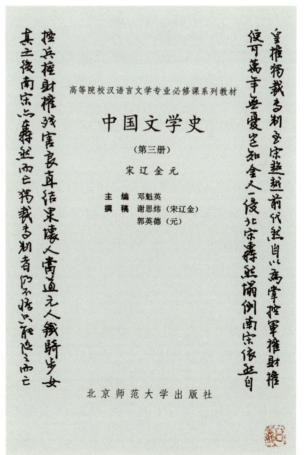

吕义老师在《中国文学史》上写的笔记

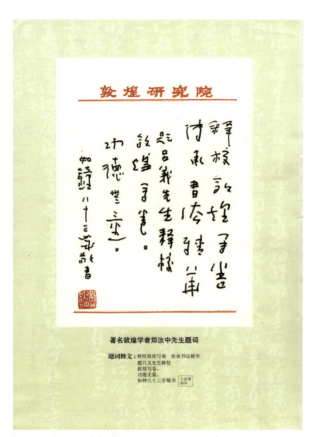

著名敦煌学者郑汝中先生题词

题词释文：释校敦煌写卷　传承书法精华
题吕义先生释校
敦煌写卷。
功德无量。
如钟八十三岁敬书

郑汝中先生为《唐净眼因明论草书释校》题词

老师告诉我们必须深刻理解其中的含义，要动手，找到"轻如蝉翼，重若崩云"的感觉，才能写好草书。吕老师在 2006 年还参与编写了学校教材《草书教程》和《草书教程图录》。吕老师告知我们，草书按其发展顺序分为隶草、章草、今草、狂草，并包括行草。其草法不外乎省、简、连三途。要学习草书，首先要识草、记草，只有多记草字，才能熟练书出。而书写楷书时则要注意"直则有力，曲则美；既要中正，又要活"，要做到"笔笔有交代"。吕老师诗曰："干按三分笔，能争八面锋。欧颜兼褚宋，大字最威风。"

吕老师的板书也写得非常漂亮，楷书时中规中矩，草书时圆润流畅、使转自如。他有时还在黑板上画一株兰草，尤其是反叶画得非常漂亮。吕老师告知我们，书画同源。听吕老师讲书法课就是一种享受。

还有一件趣事，吕老师在课上讲到明朝陈道复的书法作品《古诗十九首》时，

吕老师为作者临写的敦煌藏《文心雕龙》残卷的跋文

说陈道复本是文徵明的弟子，因性格放荡不羁，后遂放弃文徵明温和端严的书风而率意纵笔，追求险绝，表现出纵横、欹侧、奔放、飞动的审美意趣。我和同学交流说没看出来哪里好！后来，通过不断学习，才领会到老师说"好"的含义，深感惭愧。吕老师在讲明末清初的王铎及他的作品《拟山园帖》时说，王铎的书法与董其昌齐名，有"南董北王"之称。他的书法用笔，中规中矩，张弛有度，流转自如，却又力透纸背。只可惜他是"贰臣"，因此，世人对其书作皆有微词。但在日本，他的作品备受推崇。

另外，吕老师对唐怀素的草书也情有独钟，先后将怀素的墨迹本《食鱼帖》

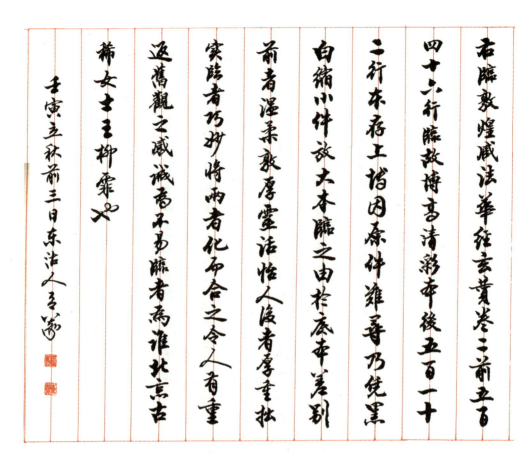

吕义老师为作者临写的《法华经玄赞卷二》所写的跋文

《苦笋帖》《圣母帖》《论书帖》《小草千字文》《自叙帖》和拓本《大草千字文》等通讲了一遍。后来吕老师出版《唐净眼因明论草书释校》后，细究《因明论》及《法华经玄赞》等唐代僧家草书，认为怀素草书乃唐代禅林草书经卷中常见之写法。

　　机缘巧合，吕义老师因释校《因明论》得到著名敦煌学学者郑汝中老先生的青睐。郑老先生豁达大度，告诉吕义老师在释校《因明论》的过程中可以使用他编写的《敦煌写卷行草书法集》，并为《唐净眼因明论草书释校》题词："释校敦煌写卷，传承书法精华。题吕义先生释校敦煌写卷。功德无量。"由此开启了吕义老师与释校敦煌草书写卷的不解之缘。由敦煌学学者马德和吕义两位先生主编的《敦煌草书写本识粹》入选国家出版基金资助项目。这套丛书由社会科学文献出版社出版。《敦煌草书写本识粹》第一辑共计 16 册，填补了国内敦煌草书文献研究的空白。该丛书高清彩印唐人手写草书之结字，用笔及改错符号等均一览无余。在传世草书帖本之外，独具风骚，为继承和弘扬书法艺术提供了难得的帖本。因此，吕老师鼓励我临写释校过的敦煌草书写卷。到目前为止我已临习了 7 部敦煌草书写卷，其中有 3 部临习作品，吕老师还为我写了跋文。因为吕老师的离世，此作倍显珍贵。

在释校敦煌草书写卷的过程中，吕义老师可谓功不可没。其间，我经常会向吕老师请教书法方面的疑难问题，吕老师以他深厚的文学功底和草书辨识能力，均能给出准确的答案。我因有幸参与此次出书的校对工作，得以见证吕老师在释校敦煌写卷过程中的专注和严谨。记得在释校《文心雕龙》时，我用唐本敦煌原卷和《文心雕龙注》（范文澜注）互校，发现有不少不同之处。吕老师说范文澜先生是历史学家，但他没见过敦煌原卷，能将《文心雕龙》注释出来非常不容易。我们比老先生幸运，能看到敦煌原卷。只可惜唐本首尾皆残，只有 13 篇完整，非常遗憾。当我问及唐本《文心雕龙》写卷的字体和其他唐本写卷的字体因何不同时，吕老师说，这次释校的敦煌草书写卷分为儒、释两家之文，唐本《文心雕龙》是当时的文人书写的，此卷书法楷书有欧褚之精神，又有魏碑之遗风；行书潇洒流利，右军字样蕴涵其中；今草娴熟别致，每每可补传世草书字典之缺。而其他唐本草书写卷大多为当时的高僧书写。

在释校《法华经玄赞卷二》时，吕老师通过出版社拿到故宫博物院藏敦煌草书写卷《法华经玄赞卷五》卷子后，发现此卷似曾相识，经比对，再与《大正新修大藏经》录文对校，认为其与上海博物馆藏《法华经玄赞卷二》是一卷，并非《法华经玄赞卷五》。此卷在百年前被拆分，而在这次释校时，被吕老师发现，此卷才得以"破镜重圆"，实现了完美缀合。

释校写卷的过程中，有时吕老师为了证实一个字需要翻阅很多书籍，以避免孤证。敦煌写卷中有很多古体字、俗体字、异体字，很难辨识。吕老师告诉我查询俗体字时可以参考黄征教授的《敦煌俗字典》。《法华经玄赞卷五》中"疑"字的写法很特别，吕老师告诉我，这种写法只在敦煌草书写卷中出现过。吕老师还告诉我，可用写卷中的避讳字，来确定敦煌写卷的年代，如渊、世、旦，若有少

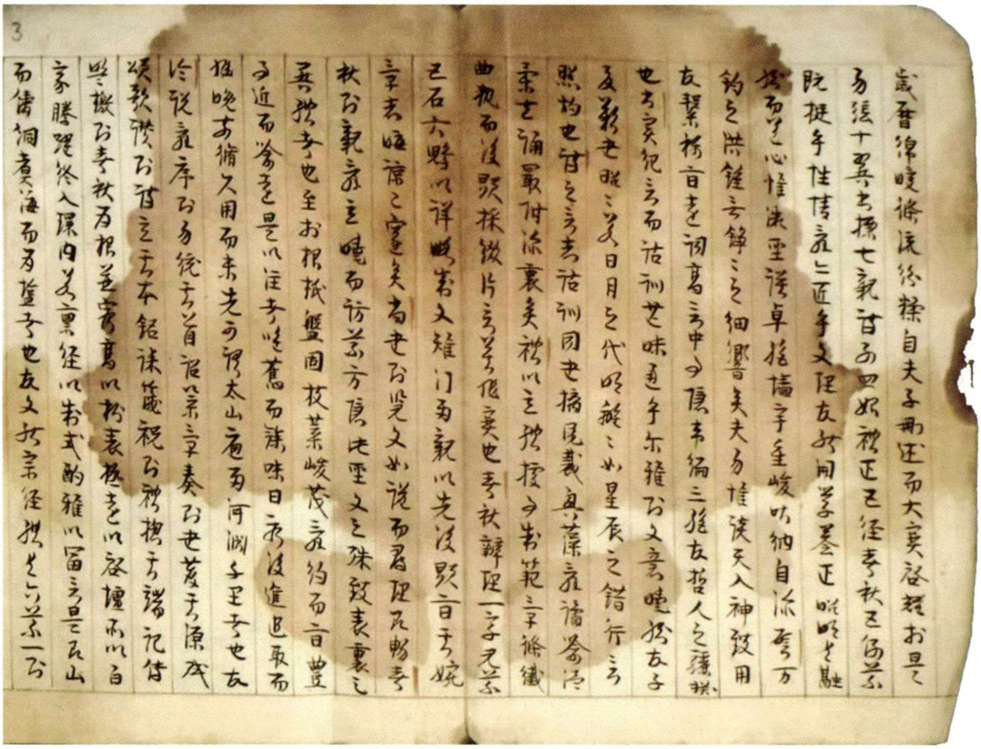

唐本《文心雕龙》部分原卷

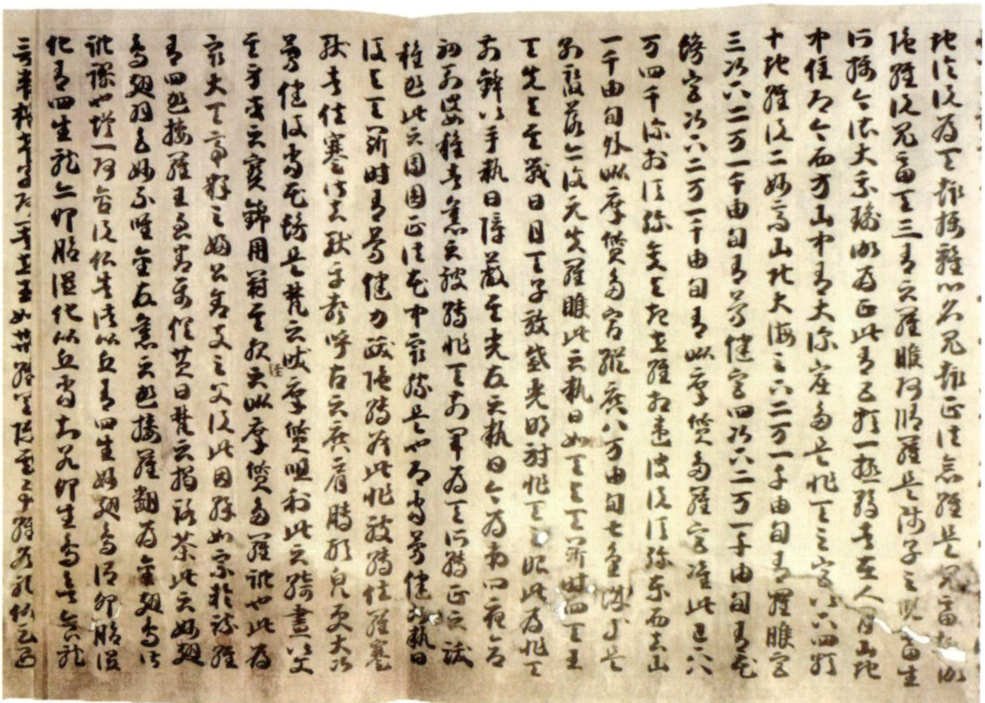

唐本《法华经玄赞卷二》部分原卷

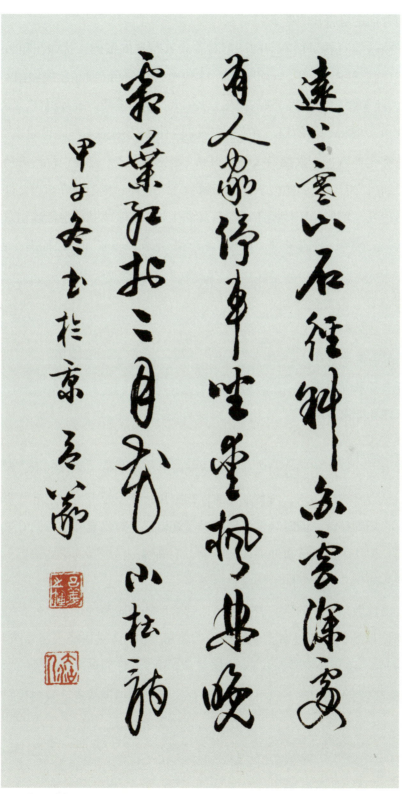

远上寒山石径斜
白云深处有人家
停车坐爱枫林晚
霜叶红于二月花

山牧之诗

甲午冬书于京　吕义

吕义老师送作者的一幅作品

笔，均可判定是唐朝的卷子。

释校敦煌写卷是很辛苦的，但对着唐人写卷的墨迹，犹如在和古圣先贤对话，故也就乐在其中了。前段时间，中央电视台节目《典籍里的中国》讲到明朝《永乐大典》的编修过程。陈济担任《永乐大典》都总裁，统领群儒，留下了一段传奇故事。值得一提的是，在《永乐大典》修纂的历史上，无论是监修、总裁、副总裁都是多人，一人独当大任的只有"都总裁"这个位置。看到这档节目，我不禁想到吕义老师，潸然泪下。吕老师和陈济一样，也是一介布衣，却能释校敦煌草书写卷，正如马德教授所说，吕义先生是"敦煌草书写卷释读和研究的国内第一人"。然而，壮志未酬，释校工作还没完成，吕老师却已仙逝，令人痛惜。正是：

机缘巧遇介敦煌，

释校写卷终日忙。

解惑答疑皆精准，

识粹花开永飘香。

吕义老师平日生活极为俭朴，对生活标准要求极低，唯好购书。在他居住的五十多平方米的蜗居内，没有几件像样的家具，大多是书柜。吕老师每次购得新书后，必细细品读，同时写出读后感。反观自己，对吕老师推荐的好书，虽会及时购买，但从未这么认真地去读，不免心生惭愧。吕老师博学的背后，是他积年累月苦心孤诣、穷究学问的结果。

我最尊敬和崇拜的吕义老师走了！带着他的满腹经纶走了！他在临终前，心心念念惦记的仍是还没有完成释校的敦煌写卷，即《法华经玄赞卷四》《法华经玄赞卷七》《法华经玄赞卷八》《法华玄赞义决》。作为吕老师信赖的学生，我当竭力完成吕老师的遗愿，以不负重托！吕义老师的精神将永远鼓励我们前行！

2024 年 4 月 30 日

悼念吕义先生（诗四首）

◎ 门忠魁

之一

一生勤奋饱诗书，

墨艺求臻自孤独。

学者书家双面世，

敦煌伟业冠群儒！

之二

怀才不遇近终生，

独善其身闹市中。

书法成家学成者，

谁人赏识此精英！

之三

辞世离家乘鹤行，

敦煌伟业不忘中。

有人后继当瞑目，

君为中华立大功！

（门忠魁老师是吕义老师的好友，知吕老师驾鹤西去，连夜写下七绝三首，三哭以致哀）

之四

一代精英旷世才，

西行乘鹤几时回？

此间代代留君位，

再聚花乡醉共杯。

（甲辰清明，又寄哀思）

与吕义先生之过往

◎ 马程

　　我所尊敬的吕义先生谢世已近一年了。每当念起与之种种过往，我总为失去一位良师益友而伤痛不已，为寄追思，特将先生与我过往的两三事记之纸笺。

　　我与吕义先生交往 40 余载，其缘分结于共同爱好书法。当年先生因财务工作到我们单位检查，见办公室墙上张贴的工作条例是以不多见的汉隶书法所写，便约我来相见。先生文质彬彬，透出一身才气。谈吐之间，顿觉他知识渊博，所问及问题，皆能看出其博闻强识。他得知我学习书法的经历及师承后，对我在当时的情况下对传统文化及书法的学习和研究还能如此坚持，感到非常高兴，表示愿与我多多交流。

　　吕义先生于书法方面诸体皆通，尤擅草书，在草书书写标准上要求严格。因我主攻篆隶，草书书写不太讲究，他作为好友，每见我作品中有误，都直言指出，有时还书写范作以示。我手中有不少先生书作，皆因此而得之。我幼时随外祖父习书，家藏有明刻《晚香堂苏帖》一套，所以早期所临行书多为苏体。八九十年代出版的帖本较少，墨迹本更少。吕义先生知我习苏体，便将其所藏苏帖墨迹复印成册，部分帖本还作注于册间，赠我临习。我初见墨本，发现其与刻本有很大差别，至此认识到临习墨迹的重要性。吕义先生在收藏帖本时，尽管有刻本帖，只要见有墨迹本出版，都要收藏一册。此事，吕义先生几十年如一日。凡有新出苏帖，均告知于我，以便收藏。他在网上查到东坡墨迹，多次下载转发给我。一次收到发来的图版，我看后，觉得不太对，疑似伪作，即发信息问："真否？"先生回复："所见略同。"如今想来，朋友间一件事做了几十年，怎不让人感动！

先生之才学，不仅在书法，在文史诗词方面也很精通。这主要得益于他年轻时勤奋苦读的坚实积累。在他家中我见过他工整抄写的《史记》《古文观止》等古籍的抄件，并注有解释和心得。据他讲，还有很多这样的抄件。

在文史诗词方面，吕义先生对我也有很大帮助和影响。我受家庭影响，也对诗词楹联有所爱好，但未能受严格训练，尤其对古入声字用法知之较少，楹联诗作中有时会出错，只能以王力所著《诗词格律》和一些小本的书籍作参考。先生知此情况，则手书《阴平阳平中古入声记字表》赠我。在早年书籍较少的年代这无疑是雪中送炭了。

吕义先生诗才非常有名。很多地方文学组织和诗社都请先生担任顾问和评委。1987 年，北京丰台区文联组织楹联大赛，吕义先生受聘担任评委。他让我积极参加，说这是一次锻炼的机会，可以检验一下自己的学识和能力，我便投稿一篇。颁奖会上从优秀奖开始宣布，至二等奖都于我无名，自觉名落孙山。不想主持人竟宣布我获得一等奖，当时真是喜出望外。颁奖后，又做现场应对联句活动。吕义先生出上联：千载卢沟留晓月。我提交所对下联：百年琼岛驻春阴。此联亦被评为本场应对最佳联句。高兴之余，颇感有此成绩与吕义先生的指导帮助是分不开的。从此，偶有诗作，则请他指导修改，而他绝无推脱。

我写苏帖时间较长，所以行书字偏扁不挺拔。请教于吕义先生，先生告知何不以米芾、文徵明行草破之。后又推荐以李建中之法破苏字扁重之状。由此，现行书已有很大改观矣。

数十年间，我与吕义先生有一共同爱好，便是购书。从单本小册到大部头十数册套书，我们经常商讨如何购置。在北京各书店，经常能见到我与先生的身影。有时，我单独前往书店，也有店员会问我吕先生为何没来。当时，我作为普通工薪阶层，购书对于我来说是一笔大开支，有时看到好书，也因囊中羞涩不能购买。吕先生也是如此。有一段时间，我们两人商定，在购买书法类书籍的时候，他以楷行草为主，我以篆隶篆刻为先，之后便相互借阅。记得有一次，吕先生电话通知我，尽快去中华书局发行部，他帮我找到一套《小屯南地甲骨》。我立即前往，以7折价格购得，为此高兴了很多天。现在，很多人购书是为了收藏版本，而我与吕先生购书主要是为了使用。随着学习研究的不断深入，需要读取、借鉴的书籍就越来越多。40多年来，我们一起购买的书不计其数，确实为我们学习研究、备课、写作起到支撑作用。

2023年2月的一天，我收到吕先生寄来的快递。打开一看，是新出版的《敦煌草书写本识粹·文心雕龙上部残本》。认真翻看，发现此册内容校释精准，涉猎文字复杂，但都做了释解，而且不用孤证，这也是吕义先生以前的一贯做法。他在与我交流文字释文、释义时多次提到："释一字一题，最好不是孤证，这才得以服人矣。"吕义先生在著书阶段，做了全身心的投入，连我这经常打扰他的朋友亦不敢多与之联系。我知道著书是一件枯燥艰苦的事情。有时先生在释读时偶遇特别之字，也会打电话给我，问我是否知晓某字的来源，如言不知，他便细细讲来，真使我受益匪浅也。

吕义先生讲，此次《敦煌草书写本识粹》丛书能获批国家出版基金资助项目，得益于马德教授的努力和对出版工作的统筹安排、编委会各位老师的积极协作。我曾与吕义先生言："《敦煌草书写本识粹》实现了您多年出版研究成果的梦想，敦煌草书里的古文字也因您走出研究所，得以与世人相见。"

吕义先生离开了我们，但留下了一支致力做好敦煌草书文化传播工作的团队。我想先生未完成的心愿一定会有人继续完成。

愿吕义先生安息。您传承中华文化的精神永在。

2024年5月

丹青不知老将至

◎ 陈志远

我之结识吕义先生，还得从与马德老师的缘分讲起。2016年，我在敦煌乡镇挂职，那年1月，马老师带学生考察敦煌石窟。和我一起挂职的同事也是老同学张远博士曾在一个会议上认识了马老师，我们就申请同行。敦煌学是一门门槛比较高的学问，一向腼腆又无师承的我，总是怯于开口求教，承蒙马老师不弃，一直心存感念。

2018年，马老师被研究室邀请来历史所做讲座，讲座的内容便是如何推动敦煌草书写卷的整理校录。据马老师介绍，敦煌草书卷子约计274件，有录文者只有《大正新修大藏经·古逸部》所收武邑尚邦释读的若干件，仍存在较大研究空间。草书识读难度很大，学者专家多视为畏途。如果不是遇到一位民间高人，马老师已临近退休，恐怕也不会再做此艰辛之事。

马老师所说的高人就是时任北京市丰台区老年大学书法课程教师的吕义先生。马老师曾以自己识读草书写本遇到的疑难字请教，吕先生给出的释文既合理又准确。讲座当天，马老师带来了吕先生整理出版的《唐净眼因明论草书释校》（中国商业出版社，2015）。行楷誊录的释文之后，还附录了文字编。作者的目的显然是想集腋成裘，编制一部完备的草书字典！这种科学的工作方法和持之以恒的毅力，出自一位年逾花甲的学术界之外的书法家，真是令人惊叹。

等我见到吕先生，这些猜想得到了证实。先生家住北京丰台区一个小两居，斗室之内放满了书，除了辞书，还有许多大套的文献图录。吕先生讲授草书，却不囿于草体，而是对字体的古今变化有整体的观照。

吕先生给我们讲，学书有法，草书如今受人诟病，皆因退失古人法度，流荡不返，陷入魔障。草书，特别是章草，要遵循一定的运笔规范，要从智永《真草千字文》、孙过庭《书谱》、索靖《月仪帖》这些千古名作中去揣摩，熟诵释文，两相对照。先生又问我会不会写毛笔字。说来惭愧，我上小学时有书法课，临摹过柳公权的《玄秘塔碑》，学到五年级，照猫画虎，还有些模样。到六年级面对小升初的压力，一切副科取消，也就没有坚持。吕先生勉励我们每个人都拿起毛笔学写字，写帮助读。许多草书怪模怪样的笔画，自己提笔写一写，便知是怎样运笔。

我们的项目就这样开始了，吕先生无疑是付出最多心血的人。他患有心血管疾病，加之年事已高，因此在项目伊始，拉我和张远几位加入，便有传帮带的意思。第一辑卷子的出版，以吕先生的工作为主。我分到的《法华玄赞卷六》，是藏内所收本。敦煌写本只在个别地方与传世本有出入，正适合初学者练习释读。这个卷子共 1800 行左右，尽管有《大正新修大藏经》录文作为参考，我释读起来还是感到吃力。有些字我从字形读认为是某，但是读不通；有些字从上下文猜当作某，但是字形对不上。我就用手机拍下局部，随时用微信发给吕先生。吕先生每次皆以别纸誊录，先照原卷字形复写，再给出释文，并解释如此识别的理由。整篇读下来，感觉提高了很多。某天读董其昌的一段题跋，虽非章草之体，几个难认的字竟然可以识读，深觉是吕先生教诲之功。

吕先生自己的释文，都在 A3 白纸上打格，然后以钢笔行楷书录校，以红色圆珠笔加少量注释，满纸丹黄灿然，本身就是一件艺术品。师从先生学书十余年的王柳霏女士常说，吕先生的字娟秀、有骨力，在今天的字画市场却卖不出价，被诬为馆阁字，令人气闷。先生每日用力甚勤，在 2021 年夏天，甚至劳累过度，旧疾复发，不得不停下休息。

每次马老师来北京，往往会约吕先生和其家人一起吃饭，席间不免谈起先生的家世。先生的父亲在民国时期的铁道部门工作，当时属于高级技术人员，兼有旧学根底。先生幼承庭训，习读诗书。在平日发微信这样随意的场合，也一丝不苟地以浅近文言出之，开头称呼"志远老师如面"云云。项目每有进展，还会赋诗一首，表达欣慰之情。先生常年茹素，不知是出于佛教信仰还是俭以养德，但却不介意黄师母和我们食荤。

吕先生的儿子取名"洞达"，是从《红楼梦》里"世事洞明皆学问，人情练达即文章"一联取意。原书寓含讽刺之意，吕先生则是正用。洞达曾赴澳大利亚留学，学习工科。项目启动以后，为了支持吕先生的工作，毅然辞去工作，专门负责释文的录入和电子稿的处理。如此崇高的奉献，又怎是精致利己的庸俗之人可比？

吕先生对我们，也是勉励有加，像对自己的孩子。有一次聚餐，他兴致颇高，为我们每个人准备了一幅作品，送我的是抄录的杜诗"泥融飞燕子，沙暖睡鸳鸯"一联，彼时洞达兄新婚不久，我俩年龄相近，先生是在委婉地祝福我早结连理。又送我一柄小团扇，正背各书"积善"二字，我珍藏至今。

岂料去年5月，群里纷纷劝吕先生多休息，我还以为所患是普通的心血虚劳之症，问了马老师才知是最难治愈的胰腺癌。我发了微信问候，吕先生说西医已经判断无法手术，现以中医调养，病势渐趋平稳。此后7月、9月，他几次托我买《北京大学藏秦简牍》第5册，虽然我曾经说过，可以用研究经费帮他买书，但他叮嘱坚持自费。直到10月29日，马老师告知吕先生离世，我仍然没有购得。

去年10月下旬，我在敦煌开会见到马老师，我们约好下个月初一起去看望吕先生，但还是晚了一步，先生的病情突然恶化。后来，马老师带我和兰州大学诸位同仁到吕先生家里。洞达兄讲述了老先生临终前的情状。他的大脑受疾病影响，时而清醒，时而糊涂。洞达拿稿子请他改订，他写了一辈子字，最后竟然不会拿笔了……当他听到洞达说稿子已改好后，那时已经成了一条直线的心电图，竟又跳动了几下。言念及此，一座潸然。

我是很晚才意识到校录敦煌草书这件事在吕先生的生命中占据了如此重的分量。在60多年的过往中，他与文史学界没有半分瓜葛。应马老师的邀请出山，只因中国人的东西，却是日本学者研究领先。除了朴素的爱国情感之外，还有弘扬中华文化的大愿。

转眼先生去世快一年了，在此分享我与先生的交往，唯愿学界同仁、艺界同好，永远铭记吕义先生的崇高精神。我们也会秉承先生的遗愿，把敦煌草书释读工作完成好。

2024 年 5 月 17 日于东京

德望三山，澄江如练

——怀念吕义老师

◎ 张远

在"敦煌草书写本整理研究"项目工作群里得知了吕义老师于 2023 年 10 月 29 日 13 时 15 分驾鹤西去的噩耗，我非常悲伤。吕老师是 2018 年度国家出版基金资助项目"敦煌草书写本识粹"丛书编纂者中最年长的老师和负责人。前几年有时会在项目群里听到吕老师说最近身体不太好，但是很快又会看到吕老师精神百倍地投入工作之中。他就像这个项目的定海神针。有吕老师在，工作就会逐步推进。所以，2023 年 6 月 29 日那天，在群里看到《敦煌草书写本识粹》荣获中国出版协会、古籍出版工作委员会颁发的全国古籍出版社百佳图书（2022 年）一等奖，吕老师发消息说"病中闻此传喜讯，足凭照片长精神"之时，我觉得吕老师肯定会很快好起来的。但没有想到突然传来了如此令人伤心的噩耗。

我和吕老师的最后一次联系是在 2023 年春节。我们的联系并不频繁，然而每一次向吕老师请教都令我印象深刻。我们甚至只在 2021 年 6 月 23 日的项目研讨会上见过一面，但微信上的往来已经让我对吕老师产生了一种亲近的感觉。吕老师是我非常敬重的一位先生。吕老师的一生，都在认真地做事，认真地做人。

2020 年 6 月 28 日，我向项目组提交了《敦煌草书写本识

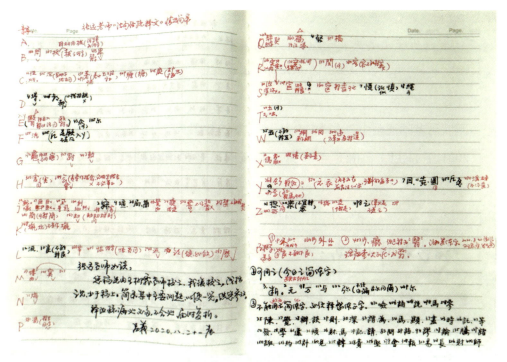

2020 年 8 月 21 日吕义老师写给作者的《法句经疏》释文审读笔记

粹·法句经疏》（后简称《法句经疏》）书稿。同年 8 月 22 日，我收到了吕老师校
阅的《法句经疏》释文书稿 144 页的扫描文档和吕老师 8 月 21 日手书得非常详细
的审读笔记。

　　在那一刻，我深深地感受到了吕老师的严谨与谦和。从那以后，在继续校订
《法句经疏》的过程中，我多次向吕老师请教，常常是不分工作日和节假日，也
不论白天和夜晚。

　　例如 2021 年 6 月 6 日 20 点 42 分，我发信息给吕老师：

　　吕老师您好！请教您这个字，"弟"是不是应该是草书的"弟"啊？《法句经
疏》录文都使用的是"第"，是否需要统一修改成"弟"？

　　21 点 14 分，吕老师回复我：

　　张老师晚安。我释此字时依《说文》有此字。您所言《法句经疏》的录文，包

括《大正藏》(《大正新修大藏经》简称)之录文,它们都是楷书录成,因此皆作"第"。余以为释文要忠实于原作,但可能仁智互有见,因此各有所择。我向出版社所交之稿,皆作"弟",尚未打回。供您参考。

而后吕老师还附上了《说文》中"弟"字的截图。

2021 年 11 月 1 日晚 8 点 36 分,我又向吕老师请教释文中的"愶"或"慎"

2021 年 11 月 1 日吕义老师写给作者的回复

字该如何处理。21 点 15 分，吕老师手书回复我。

每一次向吕老师请教，都能得到吕老师知无不言、言无不尽的谆谆指导，都令我衷心钦佩和无限感动。我也在吕老师无私的帮助下，顺利完成了《敦煌草书写本识粹》丛书《法句经疏》的校释工作。该书已于 2021 年 12 月正式出版。

在我和吕老师唯一的那次相见里，我得知吕老师在一所老年大学教授书法。我问吕老师教不教小孩子。吕老师说教的，问我孩子多大了。我说还不到 3 岁。吕老师说太小啦，还要再长大一些。现在，孩子快要上小学

2021 年 6 月 23 日吕义老师赠送给作者草书墨宝与"缘"字扇

了，喜欢写毛笔字、画国画。但是世间再无如此慈爱的吕老师可以教授他们了。写到这里，我泪流满面。谨以此文，纪念这位严谨认真、可敬可爱的先生吕义老师。

2024 年 5 月 1 日于北京

一字之师 『取』之有道

——向吕义先生请教的『五凉』异体字

◎ 吴正科

敦煌文献中一部分五凉时期的写经保持了早期的模样，可以说是初译初抄本。其文字、表述和内容与后来的《大正新修大藏经》存在不同程度的差别，个别经文在隋唐时期已经遗失，被列为"佚经"。由于当时中国语言文字正处在一个"百花齐放，百家争鸣"的历史阶段，出现了许多新造字、简化字、异体字、别字，往往是一个汉字在同一个人的笔下就有好几种写法。要想正确理解原文，必须真正识读出这些文字。而这些语言文字特征也是我们对文献进行鉴定断代的重要依据。缘于对这一时期写经的识读，我有幸和吕义先生结缘。吕先生在病榻上为我解惑，让我终生难忘，至今尚有诸多疑难问题，只是再也不能向先生求教。

一、"取"之有道

英国国家图书馆藏敦煌遗书 S.00797 是西凉时期弥足珍贵的文献，背面为三国时期翻译的《大戒经》[①]，公元 405 年[②]十二月，几个和尚在受具足戒后抄写，该经在隋代已经佚失，仅在"佚经"目录中存经名。2022 年我开始识读，其中有一个字查不到任何参考资料。该字有四个写法亓、亓、亓、亓。2023 年 2 月 20 日，我求教马德老师，马德老师再向吕义先生请教，吕义先生对照汉代简牍书法，找到近似的结体，并识读为"取"。

吕义先生给马德老师的回复：

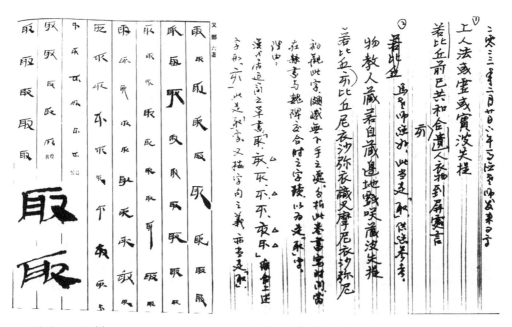

吕义先生对照资料　　　　　　　　　　吕义先生给马德老师的回复

　　① 上海师范大学、英国国家图书馆合编《英国国家图书馆藏敦煌遗书》，第 14 册，第 22 页定名为《十诵比丘戒本》（昙摩持共竺佛念本），桂林：广西师范大学出版社，2013 年 3 月。《法藏敦煌西域文献》定名为《四分律比丘戒本》。王磊《敦煌六朝写本与〈十诵律〉的翻译与校定》认为是《十诵律》，见《中山大学学报》（社科版）2021 年第 3 期。

　　②《大戒经》落款纪年是"建初元年"，《英国国家图书馆藏敦煌遗书》确认为德祐等僧人于西凉建初元年（405）受具足戒后，写于西凉建初二年（406）。

二零二三年二月廿日下午马德老师发来的字／①上人法或虚或实波失提／若比丘前已共和合，亏遗人衣物，到屏处言／②物教人藏若自藏，边地戏笑藏波失提／若比丘亏比丘尼衣，沙弥衣，识又摩尼衣，沙弥尼／马老师您好，此当是"取"，供您参考。／初观此字，颇感无下手之处，分析此卷书写时间，当／在隶书与魏碑交合时之字迹，以为是"取"字。／理由：／汉代居延简之草书"取、永△取、不△不、衣△耳△"综合上述／字形，亏此是"取"字，又按字句之义亦当是"取"。

再检查 S.00797，随"乞"出现的异体字"取"有 3 处：

1. "若比丘于外乞亏帛毳①用作衣②，尼萨祈波失提"，"乞取"二字在法藏 P.4505③中写作乞亏。

2. "若比丘乞亏黑毳④用作衣，尼萨祈波失提"，"乞取"二字在法藏 P.4505 中写作乞亏。

3. "若比丘乞亏帛黑毳及种种毳用作衣⑤，尼萨祈波失提"，"乞取"二字在法藏 P.4505 中写作乞 亏，"取"右侧多一笔。

单独出现异体字"乞"的有 4 处：

1. "若比丘乞比丘衣后，瞋恚还夺"，P.4505 非"乞"，此处为亏。

---

① "毳"字写法为"三＼毛"，和"麤"的创新写法同："三＼鹿。" P.4505 为"白毳"。

② 此处"若比丘于外乞取帛毳用作衣"，在《四分律比丘戒本》中表述为"若比丘杂野蚕绵。作新卧具"。在《十诵比丘波罗提木叉戒本》中为"若比丘新憍奢耶作敷具"。在《摩诃僧只律大比丘戒本》此一事后移二事，为"若比丘。憍奢耶杂纯黑糯羊毛作新敷具。尼萨耆波夜提"。《说文》毳，cuì，兽细毛也。

③《法藏敦煌西域文献》第 31 卷，197—201 页，上海：上海古籍出版社，2005 年 3 月。

④ "黑毳"在《四分律比丘戒本》中表述为"若比丘。以新纯黑糯羊毛。作新卧具。尼萨耆波逸提"。在《摩诃僧只律大比丘戒本》《十诵比丘波罗提木叉戒本》中为"纯黑糯羊毛"。

⑤ 此处"若比丘乞取帛黑毳及种种毳用作衣，尼萨祈波失提"，在 P.4505 中为"若比丘乞取白黑毳取黑毳及种种毳用作衣"，如此将此一戒事和下一戒事合二为一。在《四分律比丘戒本》中表述为"若比丘作新卧具。应用二分纯黑羊毛。三分白四分龙。若比丘不用二分黑三分白四分龙。作新卧具者尼萨耆波逸提"。在《五分戒本》中为"纯黑羊毛"。在《摩诃僧只律大比丘戒本》中为"若比丘。作新敷具。应用二分纯黑糯羊毛。三分白四分下。若过分尼萨耆波夜提"。在《十诵比丘波罗提木叉戒本》中为"若比丘不用二分纯黑糯羊毛第三分白第四分下作新敷具，尼萨耆波夜提"。

2. "若比丘持衣**乞**非亲理比丘尼波失提"，P.4505 非"乞"，此处为**丂**。

3. "若比丘前已共和合，**丂**遗人衣物，到屏处言不可与衣物，云何用比丘僧物作语者波失提"，P.4505 同样写作**丂**。

4. "若比丘**丂**比丘尼衣，沙弥衣，识又 ① 摩尼衣，沙弥尼衣 ②，后悔还夺者波失提"，P.4505 同样写作**丂**。

前两处 S.00797 的"乞"字在 P.4505 中为"取"字异体字，通过文本对比，P.4505 稍晚于 S.00797，是在 S.00797 基础上做了修改完善的，当然，还是早于 415 年左右最终定本的《十诵律》，如此，我们是否可以认为这两处 S.00797"乞"字，在 P.4505 修改更正为"取"。第二种可能，是否这两处"乞"字或原本为"乞取"，S.00797 少写一"取"，P.4505 少写一"乞"？需继续研究。

吕义先生将这一个异体字识读为"取"，出现了另外一个疑惑：《大戒经》中另有 6 处"取"，写法从汉简转变而来，和前面的异体字"取"写法截然不同：

1. "若须衣者便往**取**之"，P.4505 写作**取**。
2. "听**取**（P.4505）三衣及余衣物寄 ③ 一处"，P.4505 写作**取**。
3. "若比丘**取**僧祈坐具绳床木床"，P.4505 写作**取**。
4. "若比丘知水中有虫便**取**洒地"，P.4505 写作**取**。
5. "若比丘村落间有檀越，本不要比丘我当长供给汝所须饮食，得受两三钵，若过长**取**波失提。**取**两三钵已，便当出外，与余比丘共分之，政当作是限"，两处"取"，P.4505 分别写作**取**、**取**。
6. "若比丘于阿览内及白衣舍得宝物若钱，教他人**取**，若自取波失提"，P.4505 同样写作**取**。

《周礼》"取"指一种刑法："获者取左耳。"到汉代《说文解字》发展成动作："捕取也。"通过 S.00797 和 P.4505 我们可以清楚地看到，在 5 世纪初期存在两种含义的"取"，在人文层面是有明显区别的：异体字"取"侧重于"乞讨""索

---

① 此字写法形似"义"。
② P.4505 为"衫尼梨衣"。
③ 此处在 P.4505 中多一"著"字。

要"；汉隶"取"则是用手拿东西，改变物体的位置而已。这两种"取"绝无混淆使用情况。马德老师当时给我讲："是意味不同。便往取之是应该的，乞取是通过乞讨而得，所以在字形上有所区别。古人很严格。"

二、从"麮"到"麩"

S.00797 中的另外一个异体字，同样让我绞尽脑汁两个年头没搞懂："若比丘无病于露地燃火自炙，用草木麮牛扫及诸畜粪①，若自燃，②教人燃，波失提。"我最初认为是"麦＋㗱"，而字典里查不到这个字。"㗱"下部"缶"写作"去"，右侧标"△"疑问号。

2023 年 3 月 2 日吕义先生在医院给马德老师的回复

2023 年 3 月 2 日下午，求教马老师和吕先生，下午 6 点多马老师发来信息，说吕老师住院了，吕老师认为右边是"㗱"。晚上 8 点，吕老师在病榻上给马老师写回复："2023 年 3 月 2 日下午，马德老师的字麮，左边是"麦"，右边是"㗱"。我手头无资料，百度无此字，《急就章》中有'甘麮恬美奏诸君'。"吕义先生辨识为"麮"。《说文解字》麮："麦甘鬻也。从麦去声。"是用麦子熬制成酒醅子一样的流质食物。

S.00797 背面经文里说的是僧人在没有疾病的情况下，在露天点燃各种有药效的燃料来炙烤。所以我推测右侧可能是"夫"的"麩"字，同"麩"。因为后来遇到 P.4505 写为麮，显然为"麩"。《说文解字》麩："小麦屑皮也。从麦夫声。"麩子可以点燃，和戒律内容符合。

---

① "草木麮牛扫及诸畜粪"在《十诵比丘波罗提木叉戒本》中为"草木牛屎粪扫"。
② P.4505 此处多一"若"字。

需要说明的一点，S.00797 抄写完毕之后，经过校对，当时对遽字的写法存疑，右下边加了一个相当于现在"？"的"△"符号（有的文献写成"厶"），紧挨着"去"部，这个"△"并非对整个字"孁"的疑问，应该是只对"去"部的怀疑。

　　经过吕义先生的指导和帮助，我对辨别识读五凉时期的汉字有了以下认识：其一，五凉时期汉字属于隶书向魏碑体"交合"的时期，具有鲜明独特的地域和时代特征。其二，五凉时期书写的汉字，其结体和河西汉代简牍有很大的渊源关系。其三，五凉时期的汉字，其字义在《说文解字》的基础上有诸多创新发展，不同写法的异体字，被赋予了特定的人文内涵和用意，有些延续至今，有些昙花一现，折射出特定历史时期、人文环境中的汉语言文字特征和状况。其四，在识读五凉时期文献时，一些行文符号应该引起我们足够的关注。

　　谨以此文，追思我尊敬的吕义先生！

先生策马先扬鞭

◎ 袁德领

我与吕义先生结识，缘起《敦煌草书写本识粹》丛书的编纂。庚子年（2020）春，《敦煌草书写本识粹》丛书编纂委员会拟在敦煌开一个小型的研讨会，马德老师嘱咐我为会议服务，于是将我拉入微信项目工作群。

本人对于敦煌文献中"手记体"类文献一直比较关注，便怀着学习与服务的心境"默潜"于工作群。不想，收获甚多。

甲子年（1984）始，我开始接触敦煌文献研究。在收集资料时，首先遇到的是文献识读的问题。在传统的"六艺"中，"书"，一般指书法。敦煌文献中的"书艺"，呈现出多样性和复杂性。就书写的形式而言，既有正规的"写经体"，也有随性的"手记体""手抄本"。如 P.2284 号敦煌净土寺藏经《大乘稻竿经随听疏》。"手记体"一般是听课笔记类的记录，书体形式多样，多为草书体，识读起来也比较困难。在敦煌文献中，佛学类的因明学、唯识学孤本文献多为草书"手记体""手抄本"。但关于敦煌草书写本的研究成果少之又少（拙文《敦煌遗书中佛教文书简介》，《敦煌研究》1988 年第 1 期）。《敦煌草书写本识粹》这样系统性的专题研究成果是我首见。

在项目工作群中，我最初和吕义老师并不熟悉，故有一种"偷师学艺"的感觉。先仅先生为师之道，略言一二。

稿件完成情况表（吕义先生书）

　　吕义先生诲人不倦，身传多于言教。遇到同仁请教，必详加指导，并举书名证明，详细到卷数、页数。在工作群中，先生推荐过《汉语俗字研究》《大唐西域记汇校》《敦煌俗字典》等书籍，以供大家参考。先生经常在工作群中指导和鼓励大家，曾曰："余十六岁时始学《急就章》，至今不辍。敦煌草书写卷中许多草书字，多与之相同。如能熟悉并掌握，对释校工作会有一定的帮助。此件是元代大书法家俞和临作，刻入三希堂，精确可爱。《急就章》帖，还有上海松江本，皇象书石刻本，赵孟頫、邓文原和宋克墨迹本。如有兴趣，可选而临之。"如是，不复繁举。

我在做 S.0797 文献的录校注释工作时，对于其中"㧞躁"二字心中无数，于是在群里向大家请教。先生曰："第一个字我也认为是'㧞'，第二个字似'躁'。供参考。"又曰："'躁'左旁亦可释为'氵'。"恐我未得其意，又曰："袁老师，这个卷子能否见于传世《大藏经》（《大正新修大藏经》简称），能否在佛教电子网上找到？如能找到，许多问题会迎刃而解。"如是，师缘由此开启。

先生待人谦和，遇到同仁必称"老师"；率性朴素，每每吟诗抒情。读《诚谢马德老师惠发历代书法名帖全集》《〈识粹〉喜获一等奖，书呈马老师、周编辑、胡博士》《怀念郑汝中先生》等诗文，如沐春风。

郑汝中先生，是敦煌研究院的前辈，对音乐、书法的研究独到，于前一年仙去。时隔半年，吕先生骤然离世。我曾作小诗《送丰台吕师义先生》以悼念先生：

素昧平生未谋面，机缘宿命一字师。

敦煌草书少问津，系统识读研更迟。

梵卷奇狂胜天书，天亲因明治尤危。

先生策马先扬鞭，后学恭敬欣且悲。

宋释道原《景德传灯录》卷二十七："外道已去，阿难问佛云：'外道以何所证，而言得入？'佛云：'如世间良马见鞭影而行。'"良马见鞭影而行，期望能够从先生处偷学到一二可行之处。书不胜言。

甲辰年（2024）四月于敦煌

深深缅怀敬爱的吕老师

◎ 马高强

在我国浩瀚的历史长河中，文字不仅承载着文明与智慧，也见证着无数学者的探索与奉献。在敦煌草书写本的整理研究这一领域，吕老师以其卓越的学识和不懈的努力，为敦煌草书写本的辨识和研究奠定了坚实的基础，留下了宝贵的学术遗产。今天，我怀着十分崇敬的心情，回顾吕老师在敦煌草书辨识方面给予我的指导，以及他的辨识和研究成果，感怀他在敦煌草书写本辨识和研究领域的贡献和影响。

吕老师曾多次向我提及他少年时便因家学渊源，对草书有过系统的学习。这份功底最终转化成为他一生的追求。吕老师很早发现敦煌草书写本《文心雕龙》残卷内容，与现今流传的版本有很多不一致之处。随后他辨识出越来越多的敦煌草书写本的内容，发现其蕴含着丰富的历史信息和文化价值。敦煌草书写本的内容越发引起了他的研究兴趣，但同时他也面临着极大的辨识重任。后来他长时间投身于敦煌草书写本的辨识和研究中，以期解开这些古老文献的秘密。

吕老师在草书辨识方面的首要贡献是提出了一套系统的辨识方法。他认为，要想准确辨识敦煌草书，必须与唐代至晚清时期的草书文献进行对照。他提倡"形、意"一体的辨识原则，即在辨识过程中要同时考虑字形结构、书写意图。这种方法突破了以往仅依靠草书字形相似度进行辨识的局限。按照文体，在难以辨识的文字处，通过上下文通读，来确定难以辨识的字，极大地提高了辨识的准确性。

在二十多年的辨识工作中，吕老师不断总结经验，形成了一套独特的草书辨识技巧。他强调对比辨识的重要性。在他家，面积不大的客厅和卧室里堆满了各种草书理论书籍和碑帖拓片类著作，还有各类敦煌学书籍。通过长年累月的草书临摹和学习，他能准确地辨认出许多难以辨识的字、词。从 2017 年 11 月至2022 年 7 月，我在兰州大学求学期间写博士论文——《敦煌草书写本整理研究》的时候，在辨识 P. 2258、P. 2118 两个写本的过程中，发现有很多辨识不出来的草书字，拍照发给吕老师，吕老师很快便将辨识出来的文字发给我。但凡我向他求教，他总是尽快给我回复，从没有隔天回复。时至今日，我时时铭记这份恩情。

吕老师的辨识和研究成果丰硕，他的多部著作在学术界产生了广泛的影响。吕老师与我的导师马德先生将文字学、语言学、历史学、社会学等多学科知识融合应用于草书写本的研究中，使得敦煌草书写本的研究更加深入和全面。2018年，导师马德先生和吕老师共同主编的《敦煌草书写本识粹》丛书由社会科学文献出版社申报，被立为国家出版基金资助项目。该丛书汇集了多年来对敦煌草书写本的深入辨识和研究成果，彻底打破了百年来在敦煌草书写本辨识方面日本领先的局面；且该丛书作为学者研究的重要参考书籍，为敦煌学研究领域提供了新的资料。吕老师的研究不仅为中国的敦煌草书写本研究增添了光彩，也为世界文化遗产的研究做出了贡献。

吕老师在敦煌草书研究领域的贡献不仅体现在他的个人成就上，更在于他培养了一批批的学生。他毫无保留地分享自己的辨识经验，鼓励我们多辨识多思考。谆谆教诲，历历在目。在他的指导下，敦煌研究院和兰州大学敦煌学研究所的好几名学生，在敦煌草书辨识和研究方面取得了很大的进步。

如今，虽然吕老师已经离我们而去，但他的治学精神和学术成果仍然激励着我们。在敦煌草书写本辨识的道路上，吕老师像一座灯塔，照亮了我继续前进的方向。他的辨识方法和研究成果，将继续在敦煌草书写本研究领域发挥出强大的作用。

回顾吕老师在敦煌草书写本辨识方面的贡献和影响，我认为他不仅是一位勤奋的学者，更是一位诲人不倦的老师。吕老师的一生，是对学识不懈追求、对传统文化积极传承、对学术无私奉献的一生。他的事迹，将永远激励着每一位热爱草书、热爱敦煌学的学者。这些学者将继续在这条充满挑战与希望的道路上勇往直前。

悼吕义先生

◎ 姚志薇

敦煌草书写本初识

——吕义先生纪念文集

2017 年，我因参与马德老师主持的"敦煌草书写本识粹"出版项目，随项目组前往北京，才有了与吕义先生的初次见面。他身材清瘦，说话给人以谦卑、和善的印象。交谈中得知，吕老师早在 2015 年自筹经费出版了《唐净眼因明论草书释校》一书，2017 年参与"敦煌草书写本识粹"出版项目，教学之余更是笔耕不辍，常常习字、整理书稿到深夜，从此我对吕老师只争朝夕的学术精神非常敬仰。之后，马德、王柳霏、马高强几位老师和我一行前往吕老师家中，见老师在客厅、餐厅、卧室摆满了古典文学、书法类的各种书籍及笔墨纸砚。在约十平方米的书房里，午后的阳光刚好透过印有斑驳痕迹的玻璃窗，洒在老师斑白的头发和书籍上，不禁让人感叹和羡慕吕老师的精神世界如此丰富。世人追逐的酒色财气，纵有万般繁华奢靡，也不如这斗室中独与天地精神往来的书香墨韵之清朗。

2023 年 10 月 25 日，马德老师告知我："现在吕义老师很让人担心，他患了胰腺癌，已是晚期，而且因为吃素，营养跟不上，还不能做手术。不过他心情还可以，看得开，就是一直操心项目的事。"其后，马老师和我定了 11 月 2 日去北京的机票，准备去看望病重的吕义老师。世事无常，10 月 29 日晚，马老师突然发来消息："吕义老师去世了，后天举行遗体告别仪式。我想着不会这么快，总能见上一面。你代表项目组参加告别仪式，敬献花圈之类的事情请王柳霏老师帮忙安排。"就这样，我第二天就到达了北京。王老师提前订好了酒店，安排我入住到了她家附近，第二天早上搭她的顺车赶早去殡仪馆。一路上，我回想起无数个和吕老师识读草书的片段，不知不觉泪水打湿了眼眶。十点仪式开始，我进入遗体停放大厅，就这样告别了一生清贫却高悬学术信仰的吕老师。告别仪式上，我代表马德老师和项目组宣读了唁电。告别仪式后，我想起与吕老师的几次交往，心情异常沉重。前辈学者的风范和教诲还历历在目、宛如昨日，现在却已生死相隔、后会无期。

2023 年 4 月 27 日，因草书写卷中"**炎**"字字形的问题，我请教了吕老师："老师，这个字在《大正藏》(《大正新修大藏经》简称)中为'涅槃'，但卷中'涅槃'两个字一般都是俗字写法。这个字是否为'炎'？"吕老师回复："姚老师好。所释之经是什么名字？请传给我。以我所见，涅槃的写法，有上下结构的'卅卅'和上下结构的'大大'。在草书里上下结构的'大大'就是'炎'字。因此出现如此'涅槃'，亦在情理之中。你把我的这段话，可摘要写入校注中，同时注意此卷还有几处(行)涅槃作'炎'，一并写明放入校注中，以为证明。并请将信息告诉我。"随后我提出："吕老师，《金刚般若经旨赞》目前还没识读完，6 月我将释文发给您，您可有时间帮我订正该卷？"吕老师回复："姚老师好。待你将《金刚般若经旨赞》释完后，可将图版和释文发过来。我愿意学习之。由于我患胰腺癌，正在治疗中，身体困乏，量微躯之况，难以订正大作，抱歉！你在释校中有疑难字可及时发来，我们共同研释，以今之势尚可为也。"类似这样的对话还有不少，从中可以看到一位学者、一位耄耋老人对事业的追求和努力。其治学严谨、细致的态度值得所有晚辈共勉和学习。

最后联系吕老师是在 2023 年 5 月 6 日。因写卷中相近字形辨识问题，我在那天联系了吕老师，吕老师即使在病重的情况下也心里挂念着晚辈的问题，不忘嘱托家人在下午回复信息。面对先生待人之谦和、礼数之周到，我自责在吕老师病重期间还在打扰老师休养，此后就再也没联系过老师。没想到就此长别。现在，只能追忆一点往事，寄托哀思。

我 2015 年进入敦煌研究院工作，有幸得到原院长王旭东的谆谆教诲："在研究院就看关键的前三年，如果这三年找不到方向也许很快就被湮没了，也许一辈子都没有任何成绩，也许出成绩会很慢。"我始终牢记这句话，直到有机会受吕义、马德老师的提携加入了"敦煌草书写本识粹"这个项目，借助该项目出了专著，发表了论文，直至现在我还在沿着这个方向继续前行。我们这一代人踏上了时代的巨轮，踩在了先辈的肩膀上，身处和平年代，生长在红旗下。每一个人的成长，都离不开国家的培养，离不开工作平台的滋养，离不开前辈的提携和父母的帮助。但吕义老师没有我这般幸运，他靠着热爱和信念，自学成才，一步步走上了敦煌历史文化研究的道路，且成果斐然。他在老年大学执教多年，他的语言文字功底和书法基础深厚，教书育人，桃李满天下，在弘扬传统书法文化、敦煌文化等方面，为吾辈做出了很好的榜样。"君子无终食之间违仁，造次必于是，颠沛必于是。"吕老师的一生，朝乾夕惕、山高水长！

　　敦煌草书写本整理与研究也是吕老师热爱和未完成的事业，他生前曾不止一次地表达："要是能有一些与《大正藏》不能对应的卷子，要是有敦煌的孤本在世就好了。"现在敦煌草书写本整理校释成果初具规模，出版了第一辑，第二辑正在编排。没有了吕老师的参与，我们将会面临更多的困难，但吕老师严谨治学的精神将长存于项目组和敦煌草书写本研究事业中。今天，我们在一起纪念吕义老师，愿吕老师安息。

　　　　　　　　　　　　　　　　　　　2024 年 5 月 6 日于敦煌研究院

禹迹九州　探赜索隐

敦煌草书写本发微——

《敦煌草书写本识粹》总序

◎ 马德　吕义

1900 年，地处中国西北戈壁深处的敦煌莫高窟，封闭千年的藏经洞开启，出土了数以万计的敦煌写本文献。其中仅汉文文书就有近 6 万件，而草书写本则约有 274 件。同其他敦煌遗书一样，由于历史原因，这些草书写本分散收藏于中国国家图书馆、英国国家图书馆、法国国家图书馆、故宫博物院、上海博物馆、南京博物院、天津博物馆、敦煌博物馆、日本书道博物馆等院馆。因此，同其他书体的敦煌写本一样，敦煌草书写本也是 120 年来世界范围内的研究对象。

（一）

文字是对所有自然现象、社会发展的记载，是对人们之间语言交流的记录，人们在不同的环境和场合就使用不同的书体。敦煌写本分写经与文书两大类，写经基本为楷书，文书多为行书，而草书写本多为佛教经论的诠释类文献。

敦煌草书写本大多属于听讲记录和随笔，系古代高僧对佛教经典的诠释和注解，也有一部分抄写本和佛典摘要类的学习笔记；写卷所采用的书体基本为今草，也有一些保存有浓厚的章草遗韵。

敦煌草书写本虽然数量有限，但具有不凡的价值和意义。

首先是文献学意义。敦煌草书写本是佛教典籍中的宝贵资料，书写于1000多年前的唐代，大多为听讲笔记的孤本，仅存一份，无复本，也无传世文献相印证，均为稀世珍品、价值连城的罕物，具有极高的收藏价值、文物价值、研究价值。而一部分虽然有传世本可鉴，但作为最早的手抄本，保存了文献的原始形态，对传世本错讹的校正作用显而易见；更有一部分经过校勘和标注的草书写本，成为后世其他抄写本的底本和模板。所以，敦煌草书写本作为最原始的第一手资料可发挥重要的校勘作用；同时作为古代写本，保存了诸多引人注目的古代异文，提供了丰富的文献学和文化史等学科领域的重要信息。

其次是佛教史意义。作为社会最基层的佛教宣传活动的内容记录，敦煌草书写本以通俗的形式向全社会进行佛教的普及宣传，深入社会，反映了中国大乘佛教的"入世"特色，是研究佛教的具体信仰形态的第一手资料。通过对敦煌草书写本文献的整理研究，可以窥视当时社会第一线的佛教信仰形态，进而对古代敦煌以及中国佛教进行全方位的了解。

再次是社会史意义。多数草书写本是对社会最基层的佛教宣传活动的记录，所讲内容紧贴社会生活，运用民间方言，结合风土民情，特别是大量利用中国历史上的神话传说和历史故事来诠释佛教义理，展现出宣讲者渊博的学识和对中国传统文化的认知。同时向世人展示佛教在社会发展进步中的历史意义，进一步发挥佛教在维护社会稳定、促进社会发展方面的积极作用，也为佛教在当今社会的传播和发展提供历史借鉴。另外有少数非佛典写本，其社会意义则更加明显。

最后是语言学的意义。随听随记的草书写本来源于活生生的佛教活动，内容大多为对佛经的注解和释义，将佛教经典中深奥的哲学理念以大众化的语言进行演绎。作为听讲记录文稿，书面语言与口头语言混用，官方术语与民间方言共存；既有佛教术语，又有流行口语……是没有经过任何加工和处理的原始语言，保存了许多生动、自然的口语形态，展示了一般书面文献所不具备的语言特色。

当然还有很重要的两点，就是草书作品在文字学和书法史上的意义。

其一，敦煌草书写本使用了大量的异体字和俗体字，这些文字对考订相关汉字的形体演变和建立文字谱系具有重要的价值，为文字学研究提供了丰富的原始资料。其二，草书作为汉字的书写体之一，简化了汉字的写法，是书写进化的体现。

敦煌写本使用草书文字，结构合理，运笔流畅，书写规范，书体标准，传承有序；其中许多草书写卷，堪称中华书法宝库中的顶级精品，许多字形不见于现今中外草书字典。这些书写于千年之前的草书字，为我们提供了大量的古代草书样本，所展示的标准的草书文献，对汉字草书的书写和传承有规范的作用，给各类专业人员提供了完整准确的研习资料，为正确认识草书字体和深入研究，解决当今书法界的很多争议，正本清源，提供了具体材料，从而有助于传承中华优秀传统文化。同时，一些合体字，如"艹"（菩萨）、"艹"（菩提），"卌""卌"或"奀"（涅槃）等，个别的符代字如"烦々"（烦恼）等，可以看作速记符号的前身。

总之，敦煌草书写本无论是在佛教文献的整理研究领域，还是对书法艺术的学习研究，对中华优秀传统文化的传承和创新都具有深远的历史意义和重大的现实意义，因此亟须挖掘、整理和研究。

（二）

遗憾的是，敦煌遗书出土历两个甲子以来，在国内，无论是学界还是佛教界，大多数研究者专注于书写较为工整的楷书文献，对于字迹较难辨认但内容更具文献价值和社会意义的草书写本则重视不够。以往的有关成果基本上散见于敦煌文献图录和各类书法集，多限于影印图片，释文极为少见，研究则更少。这使草书写本不但无法展现其内容和文献的价值意义，对大多数的佛教文献研究者来讲仍然属于"天书"；而且因为没有释文，不仅无法就敦煌草书佛典进行系统整理和研究，即使是在文字识别和书写方面也造成许多误导——作为书法史文献也未能得到正确的认识和运用。相反，曾有日本学者对部分敦煌草书佛典做过释读，虽然每见讹误，但收入近代出版的《大正新修大藏经》而广为流传。此景颇令国人汗颜。

敦煌文献是我们的老祖宗留下来的文化瑰宝，中国学者理应在这方面做出自己的贡献。100 多年前，不少中国学者因为受"敦煌在中国，敦煌学在外国"的刺激走上敦煌研究之路。今天，中国的敦煌学已经走在世界前列，但是我们不得不承认，还有一些领域，学术界关注得仍然不够，比如说对敦煌草书文献的整理研究。这对于中国学界和佛教界来说无疑具有强烈的激励作用。因此，敦煌草书写本的整理研究不仅可以填补国内的空白，而且在一定程度上仍然具有"誓雪国耻"的学术和社会背景。

为此，在敦煌藏经洞文献面世 120 年之际，我们组织"敦煌草书写本整理研究"项目组，计划用 8 年左右的时间，对敦煌莫高窟藏经洞出土的约 274 件草书写本进行全面系统的整理研究，内容包括对目前已知草书写本的释录、校注和内容、背景、草书文字等各方面的研究，以及相应的人才培养。这是一项庞大而繁杂的系统工程。《敦煌草书写本识粹》即是这一项目的主要阶段性成果。

（三）

《敦煌草书写本识粹》从敦煌莫高窟藏经洞出土的约 274 件草书写本中选取具有重要历史文献价值的 80 种，分 4 辑编辑为系列丛书 80 册，每册按照统一的体例编写，即分为原卷原色图版、释读与校勘和研究综述三大部分。

写本文献编号与经名或文书名。编号为目前国际通用的收藏单位流水号（因竖式排版，收藏单位略称及序号均用汉字标识），如北敦为中国国家图书馆藏品，斯为英国国家图书馆藏品，伯为法国国家图书馆藏品，故博为故宫博物院藏品，上博为上海博物馆藏品，津博为天津博物馆（原天津市艺术博物馆并入）藏品，南博为南京博物院藏品等；卷名原有者袭之，缺者依内容拟定。对部分写本中卷首与卷尾题名不同者，或根据主要内容拟定主题卷名，或据全部内容拟定综述性卷名。

释文和校注。竖式排版，采用敦煌草书写本原件图版与释文、校注左右两面对照的形式：展开后右面为图版页，左面按原文分行竖排释文，加以标点、断句，并在相应位置排列校注文字。释文按总行数顺序标注。在校注中，为保持文献的完整性和便于专业研究，对部分在传世《大正新修大藏经》中有相应文本者，或写本为原经文缩略或摘要本者，根据需要附上经文原文或提供信息链接；同时在写本与传世本的异文对照、对比方面，进行必要的注释和帮助，求正纠误，去伪存真。因草书写本多为听讲随记，故其中口语、方言使用较多，校注中尽量加以对使用背景与社会风俗的解释。另外，有一些草书写本有两个以上的写卷（包括一定数量的残片），还有的除草书外另有行书或楷书写卷，在校释中以选定的草书写卷为底本，以其他各卷互校互证。

研究综述。对每卷做概括性的现状描述，包括收藏单位、编号、保存现状（首尾全、首全尾缺、尾缺、尾残等）、写本内容、时代、作者、抄写者、流传情况、现存情况等。在此基础上，分内容分析、相关的历史背景、独特的文献价值意义、书写规律及其演变、书写特色及其意义等问题，以历史文献和古籍整理为主，综合运用文字学、佛教学、历史学、书法学等各种研究方法，对精选的敦煌草书写本进行全面、深入、系统的研究，为古籍文献和佛教研究者提供翔实可靠的资料。另外，通过对草书文字的准确识读，进一步对其中包含的佛教信仰、民俗风情、方言术语及其所反映的社会历史背景等进行深入的阐述。

我们在整理研究草书写本的同时，全面搜集和梳理所有敦煌写本中的草书文字，计划编辑出版敦煌草书写本字典，以提供标准草书文字字形及书体，分析其各自在敦煌草书写本中的文字和文献意义，借此深入认识汉字的精髓，在中国传统草书书法方面做到正本清源，又为草书文字的学习和书写提供准确、规范的样本，传承中华优秀传统文化。在此基础上，待条件成熟时，编纂"敦煌写卷行草字典合辑"，计划也将其作为本项目的阶段性成果列入出版计划。

《敦煌草书写本识粹》第一辑有幸得到2018年国家出版基金的资助；兰州大学敦煌学研究所将"敦煌草书文献整理研究"列为所内研究项目，并争取到学校和历史文化学院相关研究项目经费的支持；部分工作列入马德主持的国家社会科学基金重大项目"敦煌遗书数据库建设"，并得到了适当资助，保证整理、研究和编纂工作的顺利进行。希望《敦煌草书写本识粹》的出版，能够填补国内敦煌草书文献研究的空白，开拓敦煌文献与敦煌佛教研究的新领域，丰富对佛教古籍、中国佛教史、中国古代社会的研究。

由于编者水平有限，错误之处在所难免。我们殷切期望各位专家和广大读者的批评指正。同时，我们也将积极准备下一步整理研究敦煌草书文献的工作，培养和壮大研究团队，取得更多更好的成果。

是为序。

敦煌草书本《大乘百法明门论疏卷下》残卷浅述

◎ 马德

一、相关背景信息

（一）关于《大乘百法明门论》

《大乘百法明门论》，全一卷，属印度大乘宗经论部，又称《大乘百法明门论略录》《百法明门论》《百法论》《略陈名数论》，天亲菩萨造，唐代玄奘译，收于《大正新修大藏经》（后简称《大正藏》）第 31 册。其内容系摘自《瑜伽师地论·本地分》中之百法名数，被称为五位百法，包含心法八种、心所有法五十一种、色法十一种、心不相应行法二十四种、无为法六种，共有一百种。

《大乘百法明门论》全文不长，现移录如下：

大乘百法明门论　　天亲菩萨造　　大唐三藏法师玄奘译

如世尊言。一切法无我。何等一切法。云何为无我。一切法者。略有五种。一者心法。二者心所有法。三者色法。四者心不相应行法。五者无为法。一切最胜故。与此相应故。二所现影故。三分位差别故。四所显示故。如是次第。第一心法略有八种。一眼识。二耳识。三鼻识。四舌识。五身识。六意识。七末那识。八阿赖耶识。

第二心所有法。略有五十一种。分为六位。一遍行有五。二别境有五。三善有十一。四烦恼有六。五随烦恼有二十。六不定有四。一遍行五者。一作意二触三受四想五思。二别境五者。一欲二胜解三念四定五慧。三善十一者。一信二精进。三惭四愧。五无贪六无嗔七无痴。八轻安九不放逸十行舍十一不害。四烦恼六者。一贪二嗔。三慢四无明。五疑六不正见。五随烦恼二十者。一忿二恨。三恼四覆。五诳六谄。七骄八害。九嫉十悭。十一无惭十二无愧。十三不信十四懈怠。十五放逸十六惛沉。十七掉举十八失念。十九不正知二十散乱。六不定四者。一睡眠二恶作。三寻四伺。

第三色法。略有十一种。一眼二耳三鼻四舌五身。六色七声八香九味十触。十一法处所摄色。

第四心不相应行法。略有二十四种。一得二命根。三众同分。四异生性。五无想定。六灭尽定。七无想报。八名身九句身十文身。十一生十二老。十三住十四无常。十五流转。十六定异。十七相应。十八势速。十九次第。二十方。二十一时。二十二数。二十三和合性。二十四不和合性。

第五无为法者。略有六种。一虚空无为。二择灭无为。三非择灭无为。四不动灭无为。五想受灭无为。六真如无为。

言无我者。略有二种。一补特伽罗无我。二法无我。

按照近、当代诸法师的诠释，《百法论》的中主思想即是名法无我：能于五位百法通达二无我理，是为百法明门，又称五位百法。具体如下：

第一位"心法八种"是指心的功能，八识就是心的法性，心灵以八识来呈现法身，所以有"万法唯识"的说法。"八识"的功用就是五蕴中的识蕴。一眼识，视觉，依眼根而有的辨识能力。二耳识，听觉，依耳根而有的辨识能力。三鼻识，嗅觉，依鼻根而有的辨识能力。四舌识，味觉，依舌根而有的辨识能力。五身识，触觉，依身根而有的辨识能力。六意识，思想，依意根而有的辨识能力。七末那识，我感，依我执而有的辨识能力。八阿赖耶识，容器，能够知道一切形下的意识能力。第二位"心所有法五十一"是指八识起用后所产生的"内心活动"，也可以叫心理内容。"心所有法"包含了五蕴中的想蕴与受蕴。第三位"色法十一"是八识起用后所产生的"呈相"结果，就是通常所说的"外在发生的"事情。"色法"是五蕴中的色蕴。一眼、二耳、三鼻、四舌、五身、六色、七声、八香、九味、十触、十一法处所摄色。色即形相，八识为妄心所造的所有形相。色法，即意识的功能。一眼、二耳、三鼻、四舌、五身：身体感官的功能。六色、七声、八香、九味、十触：由身体感官的功能而成的相。十一法处所摄色：被叫作"气""能量""性光"的非物质形相。第二位"心所有法"与第三位"色法"相加，即等于报身。第四位"心不相应行法二十四"是指的道法、规律，心妄动的造相活动也必须遵守这些法则，它不是妄动心能左右的，是可以与妄动的心不相应而行的道法规律。"心不相应行法"是五蕴中的行蕴。第五位"无为法六种"即根本的解脱法门，可以净化受染的五蕴，转识为智，转五蕴为法用。

五位百法可如下表所示：

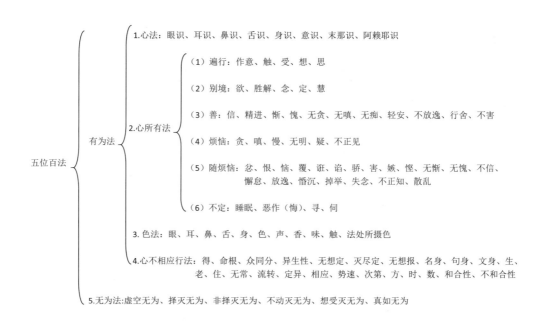

（二）关于《大乘百法明门论疏》

《大乘百法明门论》译出以后，仅玄奘门下从窥基开始，制疏者即有好几家。之后，唐五代就有许多以专讲这部论而成名家者，如唐长安青龙寺释道氤，"为众推许，乃登首座，于《瑜伽》《唯识》《因明》《百法》等论，竖立大义六科"。又唐京师西明寺释乘恩也重撰《百法》论疏并《钞》，行于西土，"其疏祖慈恩而宗潞府，大抵同而少闻异，终后弟子传布"。又梁滑州明福寺释彦晖，对《因明》《百法》二论各讲百许遍，著《滑台钞》，盛行于世。又后唐会稽郡大善寺释虚受，对《百法论》有别行义章；汉洛阳天宫寺释从隐，进具后讲《百法论》；周魏府观音院释智佺，前后讲《百法论》可百许遍。一直到近现代，各种讲解、注释、诠疏、讲记等层出不穷，可以称得上汗牛充栋。这里恕不一一列举。

从莫高窟藏经洞出土情况看，《大乘百法明门论》及各种疏释早在唐代中期就传到敦煌。《大乘百法明门论》本文就不必细说，仅前面提到的各种疏释就存有数十件写卷（包括残片）。《大正藏》第 85 册所收敦煌本《大乘百法明门论开宗义记》就是其中之一。还有《大乘百法明门论抄》等各种疏释类。这些写卷大多为楷书和行书，也有极少量草书。而本书所及《大乘百法明门论疏卷下》，即其中的四件草书残卷，分别为敦煌博物馆藏 83 号残卷，上海博物馆藏 60 号残卷，兰州私人收藏李爱莲 1 号残卷和法藏 P.2304 号残卷；从内容上分为三种：前二卷为义忠本，第三卷为普光本，第四卷佚名。

二、义忠本《大乘百法明门论疏卷下》

（一）写本保存现状

敦煌博物馆本

敦煌博物馆藏敦煌写卷 83 号，首尾俱残。单层白皮纸。卷长 86.8 厘米，卷高 29.7 厘米。天头 2.3 厘米，地脚 2.2 厘米，乌丝栏宽 16 厘米。单纸长 43.4 厘米，书 27 行，行 20 至 23 字不等，共二纸，总存 54 行，焦墨书写。此前出版的目录和图录都拟名为《佛论》。

上海博物馆本

上海博物馆藏 60 号写卷，纸质及书写现状与前件相一致，残存三纸半、96 行；出版时拟名《百法述》；与敦煌博物馆 83 号写卷出自同一人手笔。

经考证，二残卷内容为署名"唐·义忠疏"之《大乘百法明门论疏卷下》的一部分，收入《洪武南藏》第 205 册。在佛教界和学术界，广为流通者为《大正藏》，而《洪武南藏》一般很少使用。本写卷作为早期佛典，在近代没有受到广泛的关注，故凸显其珍贵。

另外，从内容上看，此二件敦煌草书写卷《大乘百法明门论疏卷下》，是唯一存世的义忠疏手抄本。

（二）作者生平事迹简介

《宋高僧传》对义忠一生的事迹有较详细的记述：

释义忠，姓尹氏，潞府襄垣人也。年始九岁，宿殖之性，志愿出家，得淄州沼阇梨为师，若凤巢中之生鹓雏也。少秉奇操，慧解不伦。沼授与《大涅槃经》，时十三岁矣。相次诵彻四十卷，众皆惊骇，号空门奇童也。二十登戒，学四分律，义理淹通，旁习《十二门论》二本，即当讲演。沼师知是千里之骏，学恐失时，闻长安基师新造疏章，门生填委，声振天下，乃师资相将，同就基之讲肆，未极五年，又通二经五论，则《法华》《无垢称》及《百法》《因明》《俱舍》《成唯识》《唯识道》等也。由兹开奖，弟子繁多，讲树别茂于枝修，义门旁开于关窍，乃著《成唯识论纂要》《成唯识论钞》三十卷、《法华经钞》二十卷、《无垢称经钞》二十卷。《百法论疏》最为要当，移解二无我归后，是以掩慈恩之繁，于今盛行勿过忠本。所谓列群玉，贯众花，玉装琼树之林，花缀蜀机之锦。辈流首伏，声彩悠飏。况基师正照于太阳，忠也旁衔于龙烛，四方美誉，千里归心者，不可胜算矣。传持靡怠，仅五十余年，计讲诸教七十许遍。至年七十二，忽起怀土之心，归于昭义，示同初夏诵戒行道。每一坐时，面向西北，仰视兜率天宫，冥心内院，愿舍寿时得见天主，永离凡浊，终得转依。一日，晨兴澡洗讫，整肃容仪，望空礼拜，如有哀告之状。少顷，结加趺坐，嘱付流通教法之意毕，忽异香满室，彩云垂空。忠合掌仰视曰："秽弱比丘，何烦大圣躬来引接？"言尽而化。乡人道俗建塔供养，全身不坏，至今河东乡里高冈存焉。

义忠二十岁后与慧沼就学于慈恩寺作《百法论疏》，因为它文义安排得当，不像窥基师等疏文那样烦琐，所以一直到宋代盛行不衰，而且由于忠《疏》的盛行，各家争相学习，此论的地位提高到与《唯识》《因明》并驾。义忠有云："天亲降迹造论时代，正显第三非空有教，初陈百法，明遣执空，后答无我，为除有执。若但判文，明'法中无我'者，虽除有病，空执仍存。"则可视作《大乘百法明门论疏》基本精神的高度概括。

（三）内容来源与异同

首先，敦煌博物馆本残卷第1—37行所抄，义忠所述实为窥基撰《大乘法苑义林章卷第五·法处色义林》的后半段《大乘法苑义林章》七卷，略称《法苑义林章》《义林章》《法苑》，别称《七卷章》，窥基所著，收于《大正藏》第45册。书中对于唯识教义之组织及基本内容，如判教、唯识义理、修行理论、果位等，均详加阐释。内容分为二十九章，即（1）总料简、（2）五心、（3）唯识、（4）诸乘（卷一）、（5）诸藏、（6）十二分、（7）断障、（8）二谛（卷二）、（9）大种造色、（10）五根、（11）表无表色（卷三）、（12）归敬、（13）四食、（14）六十二见、（15）八解脱、（16）二执（卷四）、（17）二十七贤圣、（18）三科、（19）极微、（20）胜定果色、（21）十因、（22）五果、（23）法处色（卷五）、（24）三宝、（25）破魔罗、（26）三慧、（27）三轮（卷六）、（28）三身、（29）佛土（卷七）。其中，总料简章为本书之最重要部分。相传另有八卷三十三章之异本，系在原有二十九章外，另加得非得、诸空、十二观、三根等四章。本书之后又有诸多注释书，较重要者有《义林章决择记》（智周）、《义林章补阙》（慧沼）、《义林章狮子吼章》（基辨）、《义林章纂注》（普寂）等。法苑在这里指法义之庭苑，佛教范围法义丛生；义林在这里指汇集，《大乘法苑义林章》即佛学（主要是唯识学）各类法义的汇聚解释。法苑或义林一般专指《大乘法苑义林章》。可见此书在唯识学及佛教文献、佛教史方面的重要价值。所以，义忠在《大乘百法明门论疏》大段征引窥基此书。敦博83号残卷前半部（第1—37行）为第五卷第23章《法处色义林》，从佛教角度解释对人间万象（色）的认识（意）；通俗一点说，就是讲为人处世的道理。另外有部分内容与窥基所撰《大乘阿毗达磨杂集论述记》相近。

其次，敦煌此二卷写本从残存的内容上看，主要是对《大乘百法明门论》之五位百法中的第四位心不相应行法二十四种与第五无为法的解释。但后面又回过头来解释第二位心所有法中的内容。当然，百法之间都有一定的内在联系，交叉学习，更能加深理解。这可能就是义忠本的特殊之处和比较受欢迎的原因。

再次，上海博物馆本60号写卷自第1行"依已离遍"至第14行"字所摄"一段，主要内容又见于《瑜伽师地论》卷第五十六《摄决择分中五识身相应地意地之六》。《瑜伽师地论》略称《瑜伽论》，弥勒讲述，无著记，收于《大正藏》第30册，系瑜伽行学派之基本论书，为我国佛教史上之重要论书。内容记录作者闻弥勒自兜率天降至中天竺阿逾陀国之讲堂说法之经过，其中详述瑜伽行观法，主张客观物件乃人类根本心识之阿赖耶识所假现之现象，须远离有与无、存在与非存在等对立之观念，始能悟入中道，为研究小乘与大乘佛教思想之一大宝库。由于本论广释瑜伽师所依所行之十七地，故又称《十七地论》；又十七地之中，尤以"菩萨地"为重要。本书之汉译本有数种，以玄奘所译之《瑜伽论》一百卷为最著名。全书分为五分：（一）本地分，广说瑜伽禅观境界十七地之义，为百卷中之前五十卷，乃本论之主体。（二）摄决择分，显扬十七地之深义，为其次之三十卷。（三）摄释分，解释诸经之仪则，为卷八十一、卷八十二。（四）摄异门分，阐释经中所有诸法之名义差别，为卷八十三、卷八十四。（五）摄事分，明释三藏之要义，为最后之十六卷。除玄奘所译之外，本论之异译本有北凉昙无谶之《菩萨地持经》（十卷）、刘宋求那跋摩之《菩萨善戒经》（九卷）、梁真谛之《决定藏论》（三卷），三本均为节译本。汉译本外，另有藏译本。本论之注疏极多，较重要者有论释一卷（最胜子等）、略纂十六卷（窥基）、疏十卷（神泰）、记二十四卷（遁伦）。实际上，《百法论》的内容基本上来自《瑜伽师地论》，这一点早已得到共识。对《百法论》的各种注释自然也离不开《瑜伽师地论》，义忠也不例外。

（四）书写风格与特色

敦博 83 号与上博 60 号两份残卷原为同一件，书写也是同出一人之手，精湛绝伦的书法让人叹为观止。

本卷所用唐代普通写经纸，有淡墨色的乌丝栏，行距整齐；而每行中字与字之间的距离则相对紧凑，字距灵活，字体大小搭配合理。从构形上看，结字规矩，功底扎实，字体端庄规范、圆劲秀润，运笔流畅自如、纯熟，具有浓厚怡人的书卷气息和文人气韵。

本卷在书写方面展示了浓郁的时代风格，为唐代的标准草书今草，同时蕴含了章草风骨，可见当时用字的实际情况，具有智永千字文的风格特点。智永为王羲之的七世孙，他的书法造诣极高，精于草书与楷书；《真草千字文》是智永的传世代表作，也是中国书法史上流传千古的名迹。据载，智永曾书《真草千字文》八百本，散布江东诸寺，一时间流布甚广，成为寺院僧人和民间写经生临习的模板。敦煌遗书中的 P.3561 蒋善进临本《真草千字文》，有题记"贞观十五年七月临出此本，蒋善进记"；正文共 34 行、170 余字；从其运笔、结体等方面来看，功力深厚，牵丝连带平稳自然，酷似智永《真草千字文》之原貌。而此写卷的书体书风，即智永书法的发挥与创新，是草书书法的精品，不仅可以作为临摹模板，同时也为我们准确释读敦煌草书写卷文字提供了宝贵的范品。

三、普光本《大乘百法明门论疏卷下》

（一）写卷现存状况

编号 LAL.01，首尾俱缺；写本长 303 厘米，高 28.2 厘米，草书，以 8 纸粘接，首一纸长 36 厘米，末一纸长 27 厘米，其余 6 纸平均长度为 40 厘米，每纸 28 行，总计 209 行，行 18 至 30 字不等，薄黄纸单面书写，保存情况基本完好。

经仔细鉴别和查证，确系出自敦煌藏经洞之唐人真迹，其内容为唐代普光《大乘百法明门论疏卷下》，原文收录于《大正藏》第 44 册第 57 至 60 页。《大乘百法明门论疏》上下二卷，《大正藏》第 44 卷记撰人大乘光，佛教史籍多记为普光撰（《敦煌学大辞典》即从此说）。《宋高僧传》卷第四《唐京兆大慈恩寺普光传》记云：

释普光，未知何许人也。明敏为性，爰择其木，请事三藏奘师。勤恪之心，同列靡及。至于智解，可譬循环，闻少证多，奘师默许。末参传译，头角特高，左右三藏之美，光有功焉。初，奘嫌古翻《俱舍》，义多缺然，躬得梵本，再译真文，乃密授光，多是记忆西印萨婆多师口义。光因著《疏》解判。一云其《疏》至圆晖略之为十卷，如汉之有渑牟？又尝随奘往玉华宫译《大般若经》，厥功出乎禅赞也，时号大乘光。观夫奘自贞观十九年创译，讫麟德元年，终于玉华宫，凡二十载，总出大小乘经律论七十五部、一千三百三十五卷，十分七八是光笔受，或谓嘉光、普光也。若验从辩机同参译务，即普光是也。

据此可知，普光别号大乘光，故普光与乘光当为同一人。《大正藏》所记并无不妥。值得注意的是，《大正藏》所依据的底本，系日本大谷大学所藏宽政五年（1793）刊本。

写卷与《大正藏》相校，因为是手写本，漏抄情况比较明显：在写卷的第35、66、103、111、125、130、135、190等行后各漏抄了行，总计8行、200余字；同时，写卷与《大正藏》在文字上的差异之处颇多。

敦煌文献中保存的《大乘百法明门论疏》写本还有北官20残片、北潜67残卷、S.4309残片、P.4006残片等卷，但这些写卷各自仅存数十字或数百字不等，不足以与经文全文相校。另外，有P.3648被目录专家定名为《大乘百法明门论疏释》，虽然在卷背抄有百法之名，但整卷主要内容与百法差异较大，也没有发现藏内有相同的文献；又，北露46首题《大乘百法明门义章》，晏法师撰，尾题却是《大乘百法明门论疏》，其中内容与《大乘百法明门论疏》多处相同。

本写卷内容主要是对五位百法中的二位以下的所有九十二法的解释。其珍贵之文献价值主要有以下几个方面：

一是写卷时代早。虽然写卷没有纪年，但参照相关的敦煌写本，可以肯定其为唐代后期八九世纪的写本，比《大正藏》所依据的日本宽政本早了近千年。虽然有漏抄现象，但它还是应该属于最原始的文献，可能比较接近原作。《大正藏》在流传过程中内容多有变化，主要是字数的增加，这是佛教文献在流传过程中存在的普遍现象。因此，该写本在《大乘百法明门论疏》的校勘方面也具有重要作用。

二是写卷内容在国内属孤本。《大正藏》依据的是日本宽政本；其他写本残片也主要是在敦煌发现的。

三是写卷书法独特。草书写本在敦煌文献中虽有一定数量，但主要收藏在伦敦和巴黎，国内保存极少。因此就草书书法本身讲，本卷也属敦煌写本中的珍品。在书写方面，本卷是敦煌写卷中极其少见的没有乌丝栏的写卷，因此在行距方面没有像其他写卷那样排列整齐，字距也不是很规则，书写过程显得有些着急。加上卷面上墨汁浓淡不均，有诸多校改、添字、加行的痕迹，加之漏抄多行，可以断定本卷应该是一份听讲的记录稿，而不是普通的抄写本。这就彰显了本写卷的原始形态，尤为珍贵。而且从运笔方面看，也是因为没有了行距和字距的约束，挥洒自如随意，彰显出张扬的个性。但全卷整体上又不失书写规矩，具体的用字都是当时通行的标准草书写法；即使变换字形，最多也就换一种，而不是随意狂书。总的来说，本卷向我们展示了汉字的标准草书，即具有浓郁的章草遗风的今草的字形字体，较多地展示出汉晋以来敦煌及河西书法传统风格，是汉字书法史上的珍贵文献，为书法爱好者们提供了鉴赏和学习的标准草书的模板。

四、关于 P.2304

（一）写卷概貌

据国际敦煌项目网页公布的信息，P.2304 号写卷首缺尾全，全卷长 1023.1 厘米，高 29.5 厘米，由 24 纸粘接而成，单纸长 41 至 43 厘米不等。双面书写，正面草书书写《百法论疏卷下抄》，总计 714 行，单纸除首、尾外，一般抄 29 行，部分有乌丝栏。背面内容为《大乘稻竿经随听手疏》节录，首题及尾题完整。前有开元寺律师比丘大弁记，前部年代题记"贝三年六月廿八日"，"贝"为右偏旁残存。

《大乘稻竿经随听手疏》在敦煌保存抄本较多，据抄卷可知其为 9 世纪中期历吐蕃和归义军两个政权的敦煌高僧法成所讲，《大正藏》第 85 册收录首尾完整的 P.2284 号卷，卷尾 "永康寺后辈法律比丘福渐受持并兼通稻竿及坐禅并具足义"题记，加盖"净土寺藏经印"。S.5835 有"清信弟子张议潮书"抄写题记，应该都是产生于吐蕃末期的最早的抄本。P.2208v 有大中年杂记；P.2303 有法成集疏与法成译记等。这些抄本都产生于公元 9 世纪中期。本卷之大弁抄本与法成译本同。查敦煌中晚唐时期的吐蕃至归义军时期，偏旁带有"贝"字的年号，只有五代后周的广顺年号，以此推断此抄本当问世于此时。因此背面内容与正面《百法论疏卷下抄》看不出有什么直接的联系，也无法证明正面写卷的年代。

（二）内容来源

从内容看，中间应该是从第二位心所有法五十一开始的。因此上卷应该只是心法的诠释，与义忠本及普光本在结构上相同。

P.2304 的讲述者，以自己独特的方式旁征博引。仅从现存情况看，所引经文典籍除《瑜伽师地论》之外还有二十余种，这里略举几种：

《阿毗达磨》（对法）系列，主要分《毗婆娑论》和《俱舍论》两大部分。这两个部分在很多情况下也交叉使用，你中有我，我中有你。

第一部分是《阿毗昙毗婆沙论》。毗婆娑，指对于佛典（尤其是律典或论典）的详细解说书。此词音译又作毗颇沙、鞞婆沙、鞞婆娑，或鼻婆沙，意译为广解、广说、胜说、异说、种种说，或分分说。玄应《一切经音义》卷十七云："毗婆沙，随相论作毗颇沙，此云广解，应言鼻婆沙，此译云种种说，或言分分说，或言广说，同一义也。"《俱舍论光记》卷一云："毗名为广，或名为胜，或名为异；婆沙名说。谓彼论中分别义广，故名广说；说义胜，故名为胜说；五百阿罗汉各以异义解释发智，名为异说。具此三义，故存梵音。"《随相论》云："佛本说优波提舍经，以解诸义。佛灭后阿难、迦㳴延等，还诵出先时所闻，以解经中义。如诸弟子造论解经，故名为经优波提舍。毗婆沙复从优波提舍中出，略优波提舍，既是传出，故不言经毗婆沙。"《阿毗达磨大毗婆沙论》（对法广解、广说）二百卷，北印度五百大阿罗汉等造，唐代玄奘译，或称为《大毗婆娑论》，或又简称为《婆沙》，收于《大正藏》第27册，是小乘说一切有部所正依的论藏。此论广明法义，备列众说，是为详解迦多衍尼子的《阿毗达磨发智论》而造的释论。而《阿毗达磨发智论》原是印度二十部派中说一切有部的根本论典，和《集异门足论》《法蕴足论》《施设足论》《识身足论》《品类足论》《界身足论》合称为有部重要的七论。据《俱舍论光记》卷一载："发智一论法门最广，故后代论师说六（论）为足，发智为身。"即古来都以《发智论》为有部教义的代表作。在当时北印度思想界占主要地位的有部学人，对于此论曾竞相钻研，各宣胜义，广事解说，而《大毗婆沙论》即为这些对《发智论》不同义解的广大结集。其所以名为《大毗婆沙论》，即是包含有广说、胜说、异说三义。如《俱舍论光记》卷一载："谓彼论中分别义广，故名广说；说义胜，故名为胜说；五百阿罗汉各以异义解释发智，名为异说。具此三义，故存梵音。"显示此论为一切有部的广大教藏。《大毗婆沙论》对印度佛学的发展起了颇大的推动作用，它提高了说一切有部在当时小乘佛学中的地位；该部的学者由此被称为"毗婆沙师"，同时也出现了不少有关此论的著述。如法胜的《阿毗昙心论》、法救的《杂阿毗昙心论》、众贤的《阿毗达磨顺正理论》和《显宗论》等，所有这些典籍在本文中都有不同程度的出现。

第二部分即《阿毗达磨俱舍论》（以下简称《俱舍论》）。《俱舍论》为佛教说一切有部论典，印度世亲著，玄奘译，全30卷。"阿毗达磨"义为"对法"，"俱舍"义为"藏"，《俱舍论》义为"对法藏论"。相传世亲早年尚未信仰大乘佛教时，先在说一切有部出家，后来接受当时新的大乘学说；世亲在克什米尔和犍陀罗为信众讲《大毗婆沙论》时，每日讲完一段，即概括其义作一颂，全论讲毕，成六百颂（最初为五百九十八颂），即《俱舍论本颂》。后来续作长行注释，合称《俱舍论》。该论以《杂阿毗昙心论》为基础，广泛吸取说一切有部重要的阿毗达磨（对法）系列如《发智论》《识身足论》《法蕴足论》等以及《大毗婆沙论》的要义，并参考当时的经量部学说，不拘成说，根据自己的观点，把说一切有部的全部教义，概括地加以归纳而成。全论通过五事（心法、心有所法、色法、心不相应行法、无为法），主要讲述一切万法之总相、别相、性质、类别，对世出世间法进行细致入微的分析，详细阐明流转与还灭的因果法则，真实开显四谛真理，为所有希求解脱的修行人指明一条修行途径。俱舍之五事与百法之五位内容相同，《俱舍论》实际上是《百法论》的另外一个版本。

除以上两大部分外，本卷在第 469 行开始为《大乘阿毗达磨集论》卷第一、《大乘阿毗达磨杂集论》卷第二等，以及唐玄奘译《阿毗达磨顺正理论》卷十四等。《大乘阿毗达磨集论》为无着菩萨造，唐玄奘译。本事分中三法品第一，蕴、界、处。摄品第二，有十一种（相、界、种类、分位、伴、方、时、一分、具分、更互、胜义）。相应品第三，有六种（不相离、和合、聚集、俱有、作事、同行）。成就品第四，有三种（种子、自在、现行）。决择分中谛品第一（四圣谛）。法品第二（十二分圣教）。得品第三（一建立补特伽罗有七种，二建立现观有十种）。论议品第四，有七种（义、释、分别显示、等论、摄、论轨、秘密）。《大乘阿毗达磨杂集论》（十六卷），安慧菩萨造，唐玄奘译；后有窥基《大乘阿毗达磨杂集论述记》十卷详释此论（《卍新纂续藏经》第 48 册）。《阿毗达磨顺正理论》，亦名《说一切有部顺正理论》，尊者众贤造，唐玄奘译。辩本事品第一，明蕴、处、界，三种摄法。辩差别品第二，明二十二根差别，及破无因、一因、不平等因、辩心、心所、及不相应行等，及辩六因四缘。辩缘起品第三，明三界、五趣、七识住、九有情居、四生、及辩中有相、十二因缘相、有情世间相、器世间相。辩业品第四。辩随眠品第五。辩贤圣品第六。辩智品第七。辩定品第八。当然，这三部著作在本卷中出现较少，但也保存了较重要的文献信息。

"成唯识论系列"，包括《成唯识论》及相关疏释。

《成唯识论》，佛教论书。又名《净唯识论》，简称《唯识论》。玄奘梳理糅译印度亲胜、火辨、难陀、德慧、安慧、净月、护法、胜友、胜子、智月等十大论师分别对《唯识三十颂》所作的注释而成，计十卷。传说玄奘留学印度时，曾广收十家注释（每家各十卷），并独得玄鉴居士珍藏的护法注释的传本。回国后，原拟将十家注释全文分别译出，后采纳窥基建议，改以护法注本为主，梳理和糅译十家学说，由窥基笔受，集成一部。内容是宣扬和论证三界的本源是阿赖耶识，都是"唯识所变"，"万法唯识，识外无境"。全论按相、性、位分为三大部分，即明唯识相（释《唯识三十颂》一至二十四颂）、明唯识性（释第二十五颂）和明唯识位（释第二十六至三十颂）。注疏主要有窥基《成唯识论述记》二十卷（或作十卷、六十卷）、《成唯识论掌中枢要》四卷、《唯识别钞》十卷（现残缺）、《唯识科简》二卷，慧沼《成唯识论了义灯》十三卷（或作十四卷、七卷），智周《成唯识论演秘》十四卷（或作七卷）；之后又有圆测《成唯识论疏》十卷，普光《成唯识论钞》八卷，慧观《成唯识论疏》四卷，玄范《成唯识论疏》十卷，义寂《成唯识论未详决》三卷，与窥基《成唯识论述记》合称六家；再后来有太贤著《成唯识论学记》八卷（又称《古迹记》）、《成唯识论抉择》一卷、《成唯识论广释本母颂》二卷（后二书已佚），梳理窥基、圆测两家之疏解说自成体系。本写卷直接或间接引用《成唯识论》及《成唯识论述记》《成唯识论学记》《成唯识论了义灯》等典籍达十余处。当然，这里不排除其所引为已经失传的窥基等人的注疏本的内容。

（三）其他相关经籍

《显扬圣教论》，无著菩萨造，玄奘法师译，共二十卷。《显扬圣教论》是显扬《瑜伽师地论》最重要的论著，古称"瑜伽论十支"之一。全书分十一品：一、摄事品，二、摄净义品，三、成善巧品，四、成无常品，五、成苦品，六、成空品，七、成无性品，八、成现观品，九、成瑜伽品，十、成不思议品，十一、摄胜决择品。共 252 颂半，卷末附有《显扬圣教论颂》。注疏主要有窥基《显扬疏》一卷、新罗璟兴《显扬论疏》八卷等，但皆已不传。近代有学者欧阳渐评《显扬圣教论》、吕澂《显扬圣教论大意》等研究。本写卷从第 195 行开始，直接引用《显扬圣教论》有二十多处，兹不一一列举。同样，这里也可能有一些是已经失传的窥基《显扬疏》的部分内容。

《大乘入楞伽经》，原作者不详，一般简称为《入楞伽经》，宣说世界万有皆由心所造，认识作用之物件不在外界而在于内心；结合如来藏思想与唯识阿赖耶识思想，为代表印度后期大乘佛教思想之经典，是法相宗所依六经之一。据经录载，《大乘入楞伽经》共四译，目前尚有三种存世：一、刘宋求那跋陀罗译，四卷，又称《四卷楞伽》《宋译楞伽》；二、北魏菩提流支所译《入楞伽经》，十卷，又称《十卷楞伽》《魏译楞伽》；三、武周久视元年（700）唐实叉难陀译《大乘入楞伽经》，七卷，又称《七卷楞伽》《唐译楞伽》。如原文所说，这里所引为《十卷楞伽》。这说明唐代就已经明显区分各种译本。虽然引文较少，但也说明作者博览群经，同时提供的文献信息也颇有意义。同时，第 428 行至 429 行之"本无今有名生，法非凝然亦异法。暂有用名住"等句，见于武周时代东都沙门宝臣所述《注大乘入楞伽经》，这在残卷中仅此一例。

《大乘法苑义林章》，这部出自窥基之手的经典之作也在本卷中多有引用，特别是卷第五法处色义林部分。这一点与义忠本异曲同工。而直接与《百法明门论》相关的疏释注解，大部分还是来自窥基的著述，一部分失传的还散见于后来的各种百法论疏释中，如原卷第 464 至 466 行之"又诸圣教，多合生灭，以为无常，所以者何？盖生名为有，有非恒有，不如无为；灭名为无，无非恒无，不如兔角；不同彼无为兔角之常，故曰无常"出自明代普泰撰《大乘百法明门论解》卷下和明昱撰"百法明门论赘言"中所引窥基之注解。该窥基注解无传世本，二明僧本所引与此敦煌本在叙述中有一些出入，正好可以互校互证。

直接引自敦煌本《大乘百法明门论疏》者，如义忠本、乘光本。此二本均为残卷，幸好《大正藏》保存有完整的内容，从中可以看出本疏对其之摘引。如第 126 行以下移录义忠本的部分，581 行"三科出体"出自义忠之疏（《洪武南藏》本），第 530 行"五百心中心无缘虑"出自乘光《大乘百法明门论疏卷下》。

（四）叙述精练、文字简略的表达特色

文字简略，如《俱舍论》略为"俱舍"、《瑜伽师地论》略为"瑜伽"等。

卷末为对《瑜伽师地论》卷二十六内容的高度概括。《瑜伽师地论》卷二十六有近万字，但到了这里不足 900 字，却简要地阐明了《瑜伽师地论》卷二十六的主题思想。

（五）作者推测

P.2304 因卷首残缺，没有留下作者姓名。

值得注意的是，该卷大量引用窥基著述（并不限于有关《百法论》疏释注解的各种著述），如《大乘法苑义林章》《成唯识论述记》等；较多地引用义忠本的内容，而且在结构上与义忠本有些近似，但叙述方面比义忠本更简明扼要。

据佛教史籍记载，在《百法论》相关的疏释中，还有长安西明寺僧乘恩的稿本，详情见《宋高僧传》卷第六《唐京师西明寺乘恩传》：

释乘恩，不知何许人也。肇从志学，知遍寻师，凡厕黉堂，必穷义路。常训门人曰："好学近乎智，力行近乎仁。仁智稍成，是殊名同实，趋菩萨地，若下阪之走九耳。"恩乐人为学，不忘讲导。及天宝末，关中版荡，因避地姑臧。旅泊之间，嗟彼密迹羌虏之封，极尚经论之学。恩化其内众，勉其成功，深染华风，悉登义府。自是重撰《百法论疏》并《钞》，行于西土。其疏祖慈恩而宗潞府，大抵同而少闻异。终后弟子传布。迨咸通四年三月中，西凉僧法信精研此道，禀本道节度使张义朝表进恩之著述，敕令两街三学大德等详定，实堪行用。敕依，其僧赐紫衣，充本道大德焉。

《卍新纂续藏经》第 77 册《新修科分六学僧传》卷第二十三，记载简略：

唐乘恩，不知何许人。志学寻师，颉颃黉肆，尤乐于教养、讲习之美，为四方所归。天宝末，关中版荡，因避地姑臧，众翕然影附。乃自念以差虏之封，习俗易变，此亦佛法之幸也。故重撰《百法论疏》并《钞》行之。既示寂，沙门法信禀本道节度使张义朝，表进乞使两街三学大德详定。诏许之，仍赐其僧紫衣，充本道大德。则咸通四年三月也。

《大宋僧史略》卷下（《大正藏》第 54 册第 249 页）记此事发生于咸通六年（865）。

懿宗咸通六年，西凉府僧法信，禀本道节度使张义朝，差进乘恩法师所撰百法论疏抄。两街详定可以行，用敕宜依。其法信赐紫衣，充本道大德。

因此，年代问题应该以咸通四年为是。

乘恩疏虽然在中唐时广泛流行于西土，晚唐时又由敦煌呈献给唐廷，但也没有能够流传后世。但这里记载说乘恩之疏在内容上"祖慈恩而宗潞府，大抵同而少闻异"，这为我们提供了可以进行推测的线索。从 P.2304 大量引用窥基和义忠注疏本内容的情况看，推测其很可能就是长安西明寺僧乘恩重撰之《百法论疏》。但当时进献给朝廷的写卷必然是抄写整齐的写卷，最少应该是行书抄写，而不应该是草书，因此，P.2304 极有可能就是乘恩疏的演讲记录稿和底本。乘恩曾因躲避战乱移居河西，在武威（姑臧）和敦煌都留下了活动记录，依僧传记载，乘恩疏在西土的流行和他亲自讲演有一定关联。

（六）书法风格简议

从写卷本身反映的情况看，现存首页纸因为没有乌丝栏，从第 2 行开始一直到第 28 行都是倾斜的，至最后两行（第 29、30 行）才被纠正——整个页面显得有些乱。而从第二纸开始，都有乌丝栏，卷面书写就显得比较整齐。首页纸给我们提供了书写赶急的信息，在各方面都没有准备好的情况下匆匆写就，可能就是听讲的记录。而后面各纸应是其助手帮忙制作了乌丝栏，给书手以方便。再从全卷的书写情况看，与普光本有些相似，即虽然书写十分流利，挥洒自如随意，但用墨浓淡不匀，有多处校改痕迹。这一切首先进一步证明，本卷是一份记录原稿和用于抄写的底本；其次本卷字形字体是具有浓郁的章草遗风的今草，较多地展示出汉晋以来敦煌及河西书法的传统风格，为古代草书精品。

五、几点认识

（一）三种《大乘百法明门论疏卷下》的文献价值

以上三种《大乘百法明门论疏卷下》残卷，普光本有传世，义忠本仅在《洪武南藏》中得以保存。《洪武南藏》为明代刻造的三个官版中的最初版本，又名《初刻南藏》，明洪武五年（1372）敕令于金陵（今江苏南京）蒋山寺开始点校，至洪武三十一年（1398）刻完。全藏 678 函，千字文编次天字至鱼字，1600 部，7000 多卷。永乐六年（1408）遭火焚毁，保留下来的唯一印本直到 1934 年才在四川省崇庆县上古寺中发现，但已略有残缺，并杂有部分补抄本和坊刻本在内。但义忠的《大乘百法明门论疏卷下》无疑是洪武原刻本。该写卷作为唯一传世的义忠疏的手抄本，虽然没有留下抄写年代的记录，但从书体上看，应该属于盛唐时期或之前的抄本，比《洪武南藏》早问世 600 年左右。而 P.2304 则是孤本。如果真的是乘恩本，珍贵之处不言而喻。

（二）内容上的大同小异

三件《大乘百法明门论疏卷下》，都是对大乘百法中除心法之外的九十二法的解释。这在结构上与一般的百法论疏释相一致。而且，许多内容都只是叙述方式上有所不同，基本意思是一致的，没有太明显的个人见解，换汤不换药。总体看都是窥基的师承。

（三）书法风格的异同及其意义

因为义忠本是抄写本，普光本和乘恩本是记录稿，而这两份记录稿又是不同书手所写，因此三件草书写卷在书法上展示了两种不同的风格，即义忠本的中原风格和普光本、乘恩本的河西风格。这三件写卷展现了唐代风貌和地域特色，丰富了中国书法宝库。

莫高窟第 55 窟元代『金台保定路蒲水郡』题记重录新识

◎ 李国 朱胜坤

我与吕义先生未曾谋面，但多有信件往来。本人于 2018 年和 2022 年先后主持国家社科基金西部项目"敦煌石窟历代游人题记调查整理与研究"（18XKG008）和国家社科基金重大项目"敦煌河西石窟多语言壁题考古资料抢救性调查整理与研究"（22&ZD219）两项国家级课题，主要是针对河西地区石窟寺遗址中的历代多语种题记展开调查、抄录、整理和研究。其中莫高窟第 55 窟元代"金台保定路蒲水郡"题记就是我与吕义先生探讨的较为典型的一例。

一、莫高窟第 55 窟"金台保定路蒲水郡"题记识录校释

莫高窟第 55 窟主室东壁门北侧南向第六身菩萨头光前方现存题记五行，墨色暗淡，从右至左竖式书写格式，行楷夹杂草书，结体匀整，笔法圆熟，流利自如，一气呵成，显然为具有较高书法水平者所书写（图 1）。

（一）诸家识录

早在 1908 年，伯希和到莫高窟进行洞窟编号、测绘、摄影和文字记录时，首次对第 55 窟主室东壁门北侧"金台保定路蒲水郡"题记进行了辨识，并抄录如下：

图 1　莫高窟第 55 窟 "金台保定路蒲水郡" 题记（紫外荧光照片）

金臺保定路蒲水郡

都元帥府兼宣慰使司拯饮案

□□□子（？）西征到此迴日重觀

□庚辰季夏中旬有

五日隴西□ [1]

20 世纪 50 年代，敦煌文物研究所史苇湘、万庚育等先生在前贤悉心辑录的基础上校勘、增补、整理的供养人题记，于 60 年代完成书稿，但未能成书。70 年代末，贺世哲、孙修身、刘玉权、欧阳琳等先生再次进行校勘增补。诸贤在调查整理莫高窟供养人题记时，亦对第 55 窟"金台保定路蒲水郡"题记再次进行了校对抄录，并以"游人漫题"专列于该窟题记之末 [2]，录曰：

金臺保定路浦水郡

都元帥府兼宣慰使□领案

……西征到此迴日重觀

庚辰季夏中旬有

五日隴西……

20 世纪 80 年代，日本人杉山正明亦对该题记有调查抄录 [3]，作：

金壹保定路蒲水郡

都元帥府前宣慰使年□願案

□□□子西征到此迴日重觀

---

① ［法］伯希和著，耿昇、唐健宾译《伯希和敦煌石窟笔记》，兰州：甘肃人民出版社，1993 年，第 211 页；2007 年，第 208 页。

② 敦煌研究院编《敦煌莫高窟供养人题记》，北京：文物出版社，1986 年，第 19 页。

③ ［日］杉山正明《莫高窟の落書き》，《京都日本學術交流懇談會會報》第 18 期，1984 年，第 6 页。

□庚辰季夏中旬有

五日隴西□

21 世纪初，日本人山本明志又在伯希和《敦煌石窟笔记》、杉山正明《莫高窟の落書き》、敦煌研究院《敦煌莫高窟供养人题记》的基础上校对重录[1]，作：

金臺保定路莆水郡

都元帥府兼宣慰使司提控案

□□□□□西征到此迴日重觀

庚辰季夏中旬有

五日隴西［下欠］

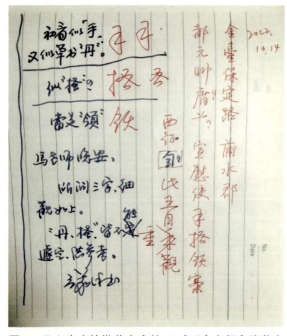

图 2　吕义先生校勘莫高窟第 55 窟 "金台保定路蒲水郡" 题记手记

从上举四例抄录莫高窟第 55 窟 "金台保定路蒲水郡" 题记可以看出，百余年来，前贤们皆在不遗余力地关注、考证、校释着这则题记。

（二）新识重录

近年来，随着保护分析技术的发展，现代光谱图像分析技术及高清数字彩色图像处理技术等科技手段已成熟应用于文物保护与科技考古领域，多光谱图像技术中的红外光谱和紫外荧光光谱可以有效地解决漫漶壁画中绘画

---

①［日］山本明志《敦煌石窟モンゴル時代漢文墨書・刻文集成》，《敦煌石窟多言語資料集成》，第 366 页。

及题记信息的识别障碍。这种图像处理技术在文物保护与科技考古领域的应用，可有效地纠正前人抄录题记的许多遗漏和讹误。我们利用洞窟现场考察的便利，借助多光谱图像处理技术对莫高窟第 55 窟遗存的这则元代"庚辰年"墨书题记进行了重新辨识和校录。同时，也对之前诸家的歧异做了补充和纠正。虽说对诸贤有不恭之嫌，想必也能得到谅解。

我们在具体辨识抄录的过程中，通过翻检查阅《元史》、河北地方史志，又与吕义先生反复琢磨、辨析，比对和讨论（图 2），最终得以补充完善，重新释读为：

金臺[1]保定路蒲[2]水郡

都元帥府兼[3]宣慰使司拯領①案[4]

子[5]西征到此迴日重觀

歲次[6]庚辰季[7]夏中旬有

五日隴西□

（三）校订、考证

[1]臺：杉山正明录作"壹"。录误。

[2]蒲：《敦煌莫高窟供养人题记》录作"浦"，山本明志又作"莆"。

[3]兼：杉山正明录作"前"。录误。

[4]宣慰使司拯领案：伯希和录作"宣慰使司拯饮案"，《敦煌莫高窟供养人题记》又作"宣慰使□领案"，杉山正明则作"宣慰使年□願案"，山本明志再作"宣慰使司提控案"。诸家不同程度上抄录皆有差异。笔者诚请吕义先生判识，先生将"拯"字疑作"搔"字。

[5]子：伯希和和杉山正明录作"□□□子"，"子"前打三"□"；山本明志则作"□□□□□"，未录"子"字，直接打五"□"；《敦煌莫高窟供养人题记》在"西"前打"……"省略号，诸家皆表示有字而无法辨识。我们利用光谱技术现

---

① 马德先生辨识作"拯领"。笔者以为，此处判识作"抚领"可能更为通顺一些。

场调查，发现"子"字前并无任何文字。诸家皆有误判。

[6]崴次："崴"，"岁"的繁体字。"崴次"二字书写在菩萨头光墨色颜料层上，极不易辨识，伯希和和杉山正明标作"□"，意为疑有一字而不识;《敦煌莫高窟供养人题记》和山本明志两家皆漏录此字。

[7]庚辰季：当为"庚辰季"。"季"，"年"的异体字。庚辰年是中国历法干支纪年中的一个年份。有学者认为"季"与"年"可相通，笔者不敢苟同。我们认为，此题之"庚辰季"，极有可能是"庚辰季"的笔误。

二、莫高窟第55窟"金台保定路蒲水郡"题记中所见元代地方行政建制与基层行政组织

说起保定，大家可以说是非常熟悉的了。保定，位于华北平原北部、河北省中部，大部位于海河平原。保定是一座历史悠久的古城，在原始社会末期的唐虞时代，保定分属于冀州和幽州。殷商时期为北燕之地，西周至战国为燕赵之地。春秋、战国时期燕、中山就在境内建都。秦始皇统一中国，分天下为三十六郡，改河北中北部为上谷郡，保定位列其中。后来保定成为河北都会，则别称为上谷。北魏太和元年（477），保定设置清苑县，这是保定设县的开端。《元史》卷五十八记载："保定路，本清苑县，唐隶郑州。宋升保州。金改顺天军。元太宗十一年，升顺天路，置总管府。元至元十二年，改保定路。"①

五代后唐天成三年（928），保定设置泰州，是保定设州的开端。北宋建隆元年（960），于清苑县置保塞军，因地处宋辽交界，设置保塞军和保州，取其保卫边塞之意。太平兴国四年（979），宋太宗率军北伐驻保塞半月余，称金台顿。太平兴国六年（981），保塞军升为保州，清苑县更名保塞县。金保塞县复名清苑县，并复置满城县。淳化三年（992），李继宣知保州，筑城关，浚外濠，葺营舍，疏一亩泉河，造船运粮，保州始成都市。因处于宋辽边界，宋辽多次在此争战。靖康二年（1127），金兵陷保州，仍沿宋制称保州，又名金台驿。金天会七年（1129），保州为顺大军节度使驻地。金贞祐元年（1213），成吉思汗率蒙古军

---

① ［明］宋濂等《元史》卷五十八《地理志》，北京：中华书局，1976年，第1354页。

南侵，破保州城，保州遂为废墟。元太祖二十二年（1227）重建保州城，元太宗十一年（1239）改顺天军为顺天路，保州为路治。元至元十二年（1275），改顺天路为保定路，设 1 录事司、7 州、8 县，州领 11 县，"保定"之名自此始，寓"保卫大都，安定天下"之意。

元代建立了路、府、州、县的地方行政建制以及乡、都、坊、社的基层行政组织。有关莫高窟第 55 窟题记中"蒲水郡"地名和"都元帅府兼宣慰使司"地方行政机构，笔者爬梳多家史籍，目前尚未检到相关信息。《元史·地理志》中保定路下有蒲阴县，未见有"蒲水郡"之设。根据题记，保定路还设有"都元帅府兼宣慰使司"。《元史·百官志》载："都元帅府，都元帅二员，副元帅二员，经历、治事各二员"，分别设立北庭、曲先塔林、蒙古军，征东四都元帅府；"宣慰使司，秩从二品。……凡六道：山东东西道，河东山西道，淮东道，浙东道，荆湖北道，湖南道。"[1] 其中也未见在保定路设有"都元帅府兼宣慰使司"的记载。

题记记载或能补史书阙漏，惜由于地方史料记载有限，目前我们对莫高窟第 55 窟"蒲水郡都元帅府兼宣慰使司"还不能做进一步的确论。学者们对题记中的"蒲水郡""浦水郡"和"莆水郡"这一地名的判识，我们仅核查到了山西省长治市平顺县杏城镇和晋城市陵川县秦家庄乡等地有蒲水村，其他更为翔实的参考信息尚有待再考察、探究。

三、莫高窟第 55 窟"庚辰年"西征时间和"都元帅府兼宣慰使司"活动的目的

《元史》记载，元至元十二年（1275）改顺天路为保定路。1275 年之后元代有两个"庚辰"纪年，即至元十七年（1280）和后至元六年（1340），莫高窟第 55 窟"金台保定路蒲水郡都元帅府"题记，当为二"庚辰"年之一。

《元史·地理志》载："沙州路……元太祖二十二年（1227），破其城以隶八都大王。至元十四年（1277），复立州。十七年（1280），升为沙州路总管府。瓜州

---

① ［明］宋濂等《元史》卷九十一《百官志》，北京：中华书局，1976 年，第 2308—2309 页。

隶焉。"① 自 1226 年蒙古大军从西夏手中夺取沙州城，到北元宣光三年（1373）明军攻克敦煌，蒙古汗国和元王朝在敦煌维持了 147 年的统治。由于沙州路是元代中前期朝廷镇压西北诸王叛乱的前线据点，所以，为了满足出镇宗王及其军队的需求，元朝积极在敦煌开展移民屯田。莫高窟第 55 窟"都元帅府兼宣慰使司"这则题记就记录了 1280 年（或 1340 年）的夏天，金台保定路蒲水郡都元帅府兼宣慰使司拯旨率军或随军西征执行军事任务返程路经莫高窟事。此次西征的具体任务是什么，史无所记，题记中也没有反映出来。但从尾题落款"陇西□"看，是由参加这次西征的一位甘肃陇西籍军官或随军起草书案的笔吏在执行任务结束返回原驻地途中参观莫高窟时题写在第 55 窟的。我们以为，这次军事活动，可能与元世祖至元五年（1268）至元成宗大德十年（1306）元朝平定西北诸王叛乱有关，亦或与肃、沙等地换防相关。《伯希和敦煌石窟笔记》记载莫高窟第 98 窟甬道南壁墨书有一则"征西都元帅速妥奕"的题记②，关于这则题记，前贤多有研究，在此不再赘述。我们从第 55 窟都元帅府兼宣慰使司西征的"陇西"尾题，再结合前人的研究，认为刘志月博士提出的第 98 窟"征西都元帅速妥奕"题记中的"'征西都元帅'应是巩昌汪氏家族的世职"之说是有一定道理的③。

金元之际，巩昌（今甘肃陇西县）汪氏以武功起家，称雄陇右。入元后仍世袭其地，门阀烜赫，《元史·相威传》记载，至元十三年（1276）秋，蒙古人相威"赍功授金虎符、征西都元帅，……时亲王海都叛，命领汪总帅兵以镇西土"④，这说明巩昌汪氏最初是以征西都元帅相威麾下将领的身份出征平叛前往河西镇戍的。当相威于次年（1277）前往江南，出任首任南台御史大夫以后，征西都元帅的官职便直接为汪惟能所继承，并按元朝军职世袭的惯例，成为巩昌汪氏家族所世代出任的官职。史载，自 1276 至 1344 年，巩昌汪氏传袭征西元帅府都元帅一职近 70 年，几

---

① ［明］宋濂等《元史》卷六十《地理志》，北京：中华书局，1976 年，第 1450 页。

② ［法］伯希和著，耿昇、唐健宾译《伯希和敦煌石窟笔记》，兰州：甘肃人民出版社，1993 年版第 147 页；2007 年版第 142 页。

③ 刘志月《脱欢大王、朵儿只巴与"速妥奕"——敦煌石窟元代游人题记所见人物新考三则》，《河西学院学报》2019 年第 4 期，第 44—45 页。

④ ［明］宋濂等《元史》卷一百二十八《相威传》，北京：中华书局，1976 年，第 3129 页。

乎贯穿元朝始终^①。笔者认为，莫高窟第 55 窟这则落款陇西"都元帅府兼宣慰使司"的题记，当与元代巩昌汪氏家族的某个家庭成员参与西征军事活动有很大关联。

四、小结

马德先生嘱我在吕义先生逝世一周年之际写点东西，我写不好，我们只能衷心地祈愿他老人家在另一个世界能够好好休息，尽情读他最喜欢的书、听他最喜欢的音乐、看他最喜欢的电影，享用好吃的美食，以及继续钻研他酷爱的书法。

滴水之恩，当涌泉相报，我们从莫高窟第 55 窟元代"金台保定路蒲水郡"题记再辨识案例，感恩吕义这位可敬的前辈、可师的学者。

本文系国家社科基金重大项目（22&ZD219）"敦煌河西石窟多语言壁题考古资料抢救性调查整理与研究"阶段性成果。

---

① 胡小鹏《元代巩昌汪氏家族事略》，《西北师大学报》1990 年第 3 期，第 57—62 页。赵一兵《元代巩昌汪氏家族成员仕宦考论》，《元史及民族与边疆研究集刊》第 21 辑，上海：上海古籍出版社，2009 年，第 47—73 页。杜媛媛《元代巩昌汪氏家族研究综述》，《天水师范学院学报》2016 年第 2 期，第 70—73 页。

《恪法师第一抄》再检讨

◎ 陈志远

辽宁省博物馆藏敦煌草书写卷《恪法师第一抄》，是一件历代藏经未收载的《妙法莲华经》注释作品。学界曾有一些研究，今从几个方面再做检讨。

首先简要介绍一下《妙法莲华经》以及与《恪法师第一抄》密切关联的窥基撰《法华玄赞》在敦煌的存佚情况。

一、窥基撰《法华玄赞》

（一）《妙法莲华经》的成立、翻译与注释书

《妙法莲华经》（简称《法华经》）。经文以一切众生成佛为主题，强调释迦久远成佛的新理念。宣说信仰《法华经》既能获得巨大的现世利益，又能得以成佛。全经要旨在于说明三乘方便，一乘真实。此经在早期大乘佛教经典成立史中占有重要地位，并且因其丰富的譬喻故事，在东亚佛教传统中广受欢迎。

此经起源很早，流传特盛。据学者研究，早在公元纪年以前，出现了与比丘教团相对立的、以在家菩萨为中心的菩萨教团。在西北印度产生了出于菩萨行的立场结集经典的运动。成立于 2 至 3 世纪的《大智度论》曾经多次引用《法华经》，4 世纪的世亲撰《妙法莲华经优波提舍》（简称《法华论》），对本经加以注释。因此推测该经成立年代在公元 150 年左右。

如果着眼于经文各品的异质性，多数学者认为《法华经》的文本可以分为新、古若干层次，经历了阶段性的扩增过程，一般认为《方便品》中的一部分最先成立，此后的成立年次，学者提出各种观点。但也有学者考虑到经文各品次序和叙事场面的连续性，提出 27 品同时成立说。从文献学的角度考察，经文中某品经历扩增过程，或者单独流布的实证迄今未发现，因此经文的阶段性成立仍是一种假说。

《法华经》的梵文写本，迄今已发现克什米尔、尼泊尔和中国新疆、西藏等地梵文写本数十种，克什米尔、中国新疆两地所出本年代较早，为 5 至 9 世纪写本，但其数量少而残缺不全；尼泊尔、中国西藏两地所出本年代较晚，为 11 至 19 世纪写本，其数量和完整程度都较前者为佳。

《法华经》有六个汉译本，《大正新修大藏经》（简称《大藏经》）中收录有三种，分别是：西晋太康七年（286），竺法护译《正法华经》十卷二十七品；后秦弘始八年（406）鸠摩罗什译《妙法莲华经》七卷二十七品；隋仁寿元年（601），阇那崛多、达摩笈多重勘梵本，补订鸠摩罗什译，名为《添品妙法莲华经》，七卷二十八品。

在汉传系统中，以鸠摩罗什译本最为流行。鸠摩罗什的翻译"曲从方言，趣不乖本"[①]，既照顾了汉语表达的优美流畅，又能尽量忠实于原作的意义，因此后代虽有新译，仍然难以取代，历代注家的注释也绝大多数是对鸠摩罗什译本的解释。

鸠摩罗什译本缺《提婆达多品》，《普门品》中无重诵偈。后人将南齐法献、达摩摩提从于阗得到的《提婆达多品》第十二和阇那崛多译《普门品偈》补入，又将玄奘译《药王菩萨咒》编入，形成现行流通本的内容。

鸠摩罗什译本《法华经》甫一问世，即有弟子对该经撰写注释，例如慧观所作《法华宗要》，今仅存序文，收录于《出三藏记集》。5 世纪中叶，刘宋竺道生撰《法华经疏》二卷，是为今存最早的《法华经》注释书。6 世纪初，梁代三大师

---

① 慧观《法华宗要序》，苏晋仁、萧炼子点校《出三藏记集》卷八，北京：中华书局，1995 年，第 306 页。

之一的法云撰《法华义记》八卷。陈、隋之际智颉依据此经创立天台宗，后世尊为天台三大部的《法华玄义》《法华文句》《摩诃止观》，前两部都是对《法华经》的解释。隋唐以降历代高僧大德，对《法华经》的注释更是汗牛充栋，绵延不绝。

在日本，6世纪圣德太子撰《法华义疏》。9世纪初，传教大师最澄依托此经在比叡山创立日本天台宗。13世纪，日莲专奉此经，依经题立日莲宗。《法华经》有"诸经之王"的称号。

（二）窥基生平的几个问题

《法华玄赞》的撰者窥基，是唐代高僧玄奘弟子，与玄奘共同创立了法相唯识宗。其后半生多在长安慈恩寺弘法，最终圆寂于此，人称"慈恩大师"。

据《宋高僧传》记载，窥基俗姓尉迟氏，唐初名将尉迟敬德之从子。因其出身将门，关于窥基出家的经历，有"三车自随"的传说。传说玄奘遇之陌上，见其眉目俊朗，造访其宅，劝其剃发出家。窥基提出三个条件，特许"不断情欲、荤血、过中食"乃可。于是以三车自随，"前乘经论箱帙，中乘自御，后乘家妓女仆食馔"。此说荒诞不经，赞宁已指其谬，并引窥基自序云"九岁丁艰，渐疏浮俗"，认为"三车之说，乃厚诬也"。这段窥基自己的回忆出自《成唯识论掌中枢要》："基夙运单舛，九岁丁艰。自尔志托烟霞，加每庶几缁服，浮俗尘赏，幼绝情分。至年十七，遂预缁林。"[①] 具有相当的可信性。而关于流传的"三车和尚"之称谓，吕澂先生推测或许由于窥基对《法华经》"三车之喻"的解释与天台宗僧人有异，因而获得的诬蔑性称呼[②]。

窥基出家以后，入大慈恩寺从玄奘学天竺语。年二十五，应诏译经。此外，"讲通大小乘教三十余本……造疏计可百本"，因此有"百本疏主"的美誉。玄奘传授《唯识论》《瑜伽师地论》于窥基、圆测，窥基耻其不逮，又得玄奘单独传授陈那因明学，史称"大善三支，纵横立破，述义命章，前无与比"。

麟德元年（664），玄奘圆寂，翻译和讲述事业遂告终。约当此时，窥基开始东行巡礼五台山及太行山以东地区。数年之后，窥基返回长安慈恩寺。本传记载

---

① 《成唯识论掌中枢要》，《大正新修大藏经》第 43 册，第 608 页中栏。
② 吕澂《中国佛学源流略讲》，北京：中华书局，2011 年，第 344 页。

他屡次参谒道宣，案道宣卒于乾封二年（667）十月，则窥基旋返的时间当早于是年。永淳元年（682）十一月十三日，圆寂于慈恩寺翻经院，时年五十一。葬于樊村北渠，与玄奘塔毗邻，即今西安市南郊护国兴教寺。

赞宁在传记的末尾指出窥基"名讳上字多出没不同"，在早期的自撰作品及碑铭中，一律称"基"，或因玄奘在曲女城大会辩论得胜，有"大乘天"之誉，慈恩弟子多冠以"大乘"之号，乃称"大乘基"。"窥基"之名，首见于《开元释教录》。"窥基"一名的由来，日本学者佐伯良谦和中国学者何欢欢认为"窥"字是出于宋人避讳而使用的代字[①]，可称为"避讳说"；日本学者渡边隆生和中国学者杨祖荣则主张"窥"字本为另一慈恩寺僧人的法号，见于日本法隆寺藏龙朔二年（662）《大般若经》卷三四八末尾的"译场列位"、日本药师寺金堂供养《大般若经》卷二八〇唐写经、唐写本《寺沙门玄奘上表记》所收《请御制大般若经序表》等文献[②]，可称为"人物说"。结合文献的记载来看，似乎后说比较有说服力，姑从其说。

（三）《法华玄赞》的撰写过程

关于《法华玄赞》的撰写过程，窥基在该书末尾自云：

> 基以谈游之际，徒次博陵，道俗课虚，命讲斯典，不能修诸故义，遂乃自纂新文。夕制朝谈，讲终疏毕，所嗟学寡识浅、理编词殚，经义深赜，拙成光赞，兢兢依于圣教，慄慄采于玄宗，犹恐旨谬言疏，宁辄枉为援据。此经当途最要，人谁不赞幽文？既不能默尔无为，聊且用申狂简。识达君子，幸为余详略焉。[③]

博陵隶属定州，位于太行山以东，今河北省定州市附近。据上文所考，《法

---

①［日］佐伯良谦《慈恩大师伝》，京都：山城屋文政堂，1925 年，第 17—24 页。何欢欢《是谁弄错了"窥基"的名字？》，《东方早报·上海书评》2015 年 12 月 20 日。

②［日］渡边隆生《慈恩大师の伝记资料と教学史的概要》，兴福寺·药师寺编《慈恩大师御影聚英》，京都：法藏馆，1982 年。参见杨祖荣《〈说无垢称经疏〉的作者、版本与文体》（待刊）的相关综述。

③《法华玄赞》卷一〇，《大正新修大藏经》第 34 册，第 854 页上栏。

华玄赞》的成书年代，当在窥基东巡的 664—667 年之间。所谓"不能修诸故义，遂乃自纂新文"，语气颇为自谦。今观《法华玄赞》文中较多引用了世亲之《法华论》、刘虬《注法华经》等，除其人博闻强识以外，应该也参考了当地寺院中的藏书。

（四）《法华玄赞》的敦煌写本

《法华玄赞》全书十卷，中国历代藏经只有《赵城金藏》收录卷一大部分，卷三、四全卷①。《大正藏》所收本（经号 1723）底本是日本奈良兴福寺本，校勘本是正仓院圣语藏本、法隆寺本和中村不折藏本②。

敦煌遗书中的写本残卷，据《大正藏·敦煌出土仏典対照目録》和笔者整理调查，一共 34 号③：

（1）P.3832，行草书，首全尾残，存 1143 行，起卷一首，讫同卷"此舍利弗舅（氏）"。

（2）BD11468，楷书，首尾均残，存 3 行，起卷一"六释经之本文"，讫同卷"三酬求因"。

（3）S.2465，行草书，首尾均残，存 484 行，起卷一"甚深云佛曾亲近"，讫同卷"譬喻品初寄"。

（4）ДХ 1060，行楷书，首尾均残，存 15 行，起卷一"天授品云"，讫同卷"故为往时，常（持此经）"。

（5）S.6474，行草书，首尾均残，存 876 行，起卷一"（于一佛乘分）别说三"，讫同卷"言等者以阿罗汉"。

（6）BD4766，行楷书，首尾均残，存 119 行，起卷一"悉皆有心，凡有心者"，讫同卷"（斯有由）矣，准此理（应法四）"。

（7）BD10228，行楷书，首尾均残，存 5 行，起卷一"（故）称为妙"，讫同

---

① 《宋藏遗珍》第 4 册，台北：新文丰出版公司，1978 年，第 2138—2166 页。

② 《妙法莲华经玄赞》卷一校勘记，《大正新修大藏经》第 34 册，第 651 页上栏。

③ 国際仏教学大学院大学附属図書館《大正藏·敦煌出土仏典対照目録（暂定第三版）》，2015 年，第 234 页。草书写卷行数，依整理者实际计算所得。书道博物馆收录的图版不全，无法确定行数，仅标示起讫文字。

卷"今此会中理实唯一，佛（所得）"。

（8）P.4818，楷书，首尾均残，每行后半残缺，存11行，起卷一"（依戒）而行，依四念处"，讫同卷"起三妙观"。

（9）BD11579，楷书，首尾均残，存4行，起卷一"（要）闻熏习"，讫同卷"（大）定、智、悲，久离（戏论）"。

（10）BD12058，行书，首尾均残，存11行，起卷一"（佛唯）有三法，谓大（定）"，讫同卷"是佛（利他）"。

（11）BD12057，行书，首尾均残，存7行，起卷一"名无（戏论）"，讫同卷"谓如是法，我从（佛闻）"。

（12）BD12056，行书，首尾均残，存7行，起卷一"意避增（减）"，讫同卷"法王启化（机器）"。

（13）BD3543，行楷书，首尾均残，存234行，起卷一"（机器）咸集，说听（事讫）"，讫同卷"此漏非一，故（名为诸）"。

（14）BD3548，草书，首尾均残，存138行，起卷一"（此漏非一，故名）为诸，然依瑜伽"，讫同卷"正法花云，上时、象、江三迦（叶）"。

（15）P.4797，楷书，首尾均残，每行前半残缺，存5行，起卷二"退，说福名不转"，讫同卷"螳螂拒辙，轮能催"。

（16）BD14546，草书，首残尾全，存942行，起卷二"（轮能摧）之，圣（道在心）"，讫同卷末，有"开元五年四月十五日辰时写了"尾题。

（17）BD968，行书，首残尾全，存1164行，起卷二"第八地名（决定地）"，讫同卷末。

（18）新138065，故宫博物院藏本。草书，首尾均残，存546行。起卷二"或此同前歌神音曲"，讫同卷"意乐及事"。本次整理发现，与上博12可以缀合，故一并校录收入。

（19）上博12，草书，首残尾全，存512行。起卷二"业巧便向"，讫同卷末。

（20）书博100，草书，首尾俱全，为卷四全部。

（21）BD6439，行书，首尾均残，存217行，起卷四"教理行果，为今大因"，讫同卷"尸罗不（清净）"。

（22）BD112，行楷书，首残尾全，存712行，起卷四"（法障）也。宿造遗法业"，讫同卷末。

（23）P.4910，行草书，首尾均残，存23行，起卷五"（稽）留，故性虽捷利"，讫同卷"此释之文中有三，一问、二答"。

（24）新137368，故宫博物院藏本，存243行，起卷五"佛唯赞菩萨"，讫同卷"证于无上道。赞曰此颂"。

（25）BD12031，草书，首尾均残，存6行，起卷六"第二有卅二（颂）"，讫同卷"七句明三界"。

（26）P.2176，草书，首残尾全，存1285行，起卷六"况能信解，修诸善法"，讫同卷末。

（27）上博附03，草书，首残尾全，存65行，起卷六"初文有五，第一合初发心"，讫同卷末。

（28）书博79，草书，首残尾全，起卷七"（我）无此物"，讫同卷末。

（29）S.1589，楷书，首尾皆残，存121行，起卷七"（或）破四有，谓生有、死（有）、中有、本有"，讫同卷"后二颂法喻合说，滋茂因异"。

（30）书博101，草书，首残尾全，起卷八"多皆退性"，讫同卷末。

（31）中文144，未见，情况不详。

（32）中文145，未见，情况不详。

（33）BD14710，草书，首尾均残，存1008行，起卷十"故以为名，二如是等结"，讫同卷末，卷首有向燊等题跋。

（34）BD12123，楷书，首尾均残，存16行，起卷十"（莫）使他知；设令（他知）"，讫同卷"天亲菩萨释伽（耶山顶经）"。

不难发现，《法华玄赞》现存写本中，卷一远远多于其他各卷，其原因在于该书卷一确立全书的解经原则。

（五）《法华玄赞》卷一的思想内容

窥基对《妙法莲华经》的注疏，鲜明地反映了法相唯识宗的解经立场，同时广引外书，代表当时佛教思想的发展水平和传播情况，这些文献所体现的思想与时代特色，是研究佛教解经学、中古思想史的重要材料。

本书以法相唯识学之立场解释《法华经》，批判智顗、吉藏的学说。从来阐释《法华经》，多主一乘真实三乘方便之说，窥基则持一乘方便三乘真实之立场。内容首先叙述《法华经》兴起之因，其次阐明经之宗旨，解释经品之得名，以彰显经品之废立、经品之次第，其次再解释经之本文。

解释经之本文，每品以三门分别，一、来意：阐明一品的要旨，以及与前文的逻辑关系；二、释名：解释经题中的名相、语汇；三、解妨难：回应可能的疑难。在经文的具体解释中，窥基主张会二归一，认为唯识学派所主张的五姓各别说中，《法华经》所说一切众生皆可成佛之说，是对不定种姓的退菩提心声闻和不定种姓独觉的方便说法①。

《大正藏》所收本《法华玄赞》十卷，卷内复分为本、末两部分，敦煌本卷内不再细分。今依《大正藏》本卷次，对随文解释各品做对照表如下：

编号	品名	卷次
0	经题、如是我闻等	卷一本
1	序品	卷一末
		卷二本
		卷二末
2	方便品	卷三本
		卷三末
		卷四本
		卷四末
3	譬喻品	卷五本
		卷五末
		卷六本

---

① 对本书内容的解说，参见周叔迦《释家艺文提要》，北京：北京古籍出版社，2004年，第352—354页。黄国清《〈妙法莲华经玄赞〉研究》，台湾"中央"大学博士论文，2005年。

编号	品名	卷次
4	信解品	卷六末
		卷七本
5	药草喻品	卷七本
6	授记品	
7	化城喻品	卷七末
8	五百弟子受记品	卷八本
9	授学无学人记品	
10	法师品	卷八末
11	见宝塔品	
12	提婆达多品	卷九本
13	劝持品	
14	安乐行品	
15	从地涌出品	卷九末
16	如来寿量品	
17	分别功德品	
18	随喜功德品	卷十本
19	法师功德品	
20	常不轻菩萨品	
21	如来神力品	
22	嘱累品	
23	药王菩萨本事品	
24	妙音菩萨品	卷十末
25	观世音菩萨普门品	
26	陀罗尼品	
27	妙庄严王本事品	
28	普贤菩萨劝发品	

从上表可以明显看出，窥基解释《法华经》，重点是开头的《序品》《方便品》，后面诸品的解释则比较简略。以下简要介绍与《恪法师第一抄》关联最密切的《法华玄赞》卷一的思想内容和经文科段。

《法华玄赞》的第一卷，前半确立《法华经》解释的原则，后半随文解释《法华经·序品》的一部分。

第一叙经起意，略由五义：一为酬因请，佛陀讲述过去世修习此经及酬答弟子讲述此经的因缘；二为破疑执，破除声闻弟子和诸小菩萨的疑悔和执着；三为彰记行，为声闻众授记，并说菩萨一乘之行；四为利今后，声言会上听法诸众及散席以后所获功德；五为显时机，显明此经说法的时序和听众的根机，实际上是在说时和五姓各别说的基础上对《法华经》的判教。

第二明经宗旨，判释此经为三教之中非空有之教，八宗之中应理圆实宗。第三解经品得名，分别解释经题中"妙法""莲华""经"等词语的梵文原语，以及经内各品的命名原则。特别是对经题中"莲华"的解释，援引世亲《法华论》中此经具十七种名的说法，其中第十六名"妙法莲华经"，莲华具出水、华开两义，前者强调所诠之理出离二乘泥浊水，后者比喻胜教开显真理。第四显经品废立者，考订了《提婆达多品》有无，《嘱累品》之先后，《普门品》偈颂之有无等文献学上的疑点。第五彰品次第，阐明经文各品编次的内在逻辑，特别依据世亲《法华论》和竺法护译《正法华》，主张《嘱累品》位于全经最末。

此下释经本文，首先列举"古遵法师"、吉藏和"净法师"①对全经的科判，并给出自家两种科段：第一种以《序品》为序分，《方便品》至《授学无学人受记品》共八品为正宗分，《法师品》至《普贤菩萨劝发品》共十九品为流通分。第二种以《序品》为序分，《方便品》至《常不轻菩萨品》共十九品为正宗分，其中《方便品》至《劝持品》共十二品明一乘境，《安乐行品》至《从地涌出品》共两品明一乘行，《如来寿量品》至《常不轻菩萨品》共五品明一乘果，《如来神力品》至《普贤菩萨劝发品》共八品为流通分。

---

① 黄国清先生推测古遵法师和净法师分别指隋大兴善寺洪遵和唐纪国寺慧净，参见《〈妙法莲华经玄赞〉研究》第42页注49、53。

其后依据世亲《法华论》所说《序品》"七种功德成就"对该品再做科分。本卷包含第一"序分成就"和第二"众成就"的一部分。"序分成就"对应经文"如是我闻"至"住王舍城耆阇崛山中",分为二义:一者一切法门中最胜,如王舍城胜余一切城舍故;二者示现自在功德成就,如耆阇崛山胜余诸山。"众成就"对应经文"与大比丘众万二千人俱"至"尊重赞叹",其中又以五门解释:一显来意,二彰权实,三定多少,四明次第,五依论解。需要略加解释的是第三门"定多少",是将《法华经》的听众分为十五类人群,称为十五众。第五门"依论解",乃依据世亲《法华论》,分为"一数、二行、三摄功德、四威仪如法住"。

第五门中再分为两段,初别明十五众,后明威仪。"别明十五众"对应经文"与大比丘众万二千人俱"至"韦提希子阿阇世王,与若干百千眷属俱,各礼佛足,退坐一面";"后明威仪"对应经文"尔时世尊……尊重赞叹"。

《法华玄赞》卷一结束于"别明十五众"的内眷诸尼众第四的位置。

二、《恪法师第一抄》入藏辽宁省博物馆的过程

以下讨论辽宁省博物馆所藏《恪法师第一抄》的流传过程及其思想内容。

写卷开头标题之下,依次钤有"抱残翁壬戌所得敦煌古籍""罗振玉印""罗叔言"白文印三枚,据此可知是罗振玉1922年购得的敦煌写本。据《敦煌学大辞典》的解说,罗氏是年收购敦煌本的主要来源,一为江阴何氏,二为江都方氏。[①]

前者为李盛铎的女婿何震彝。1910年敦煌藏经洞大批写本运抵北京,为刘廷琛、李盛铎所窃取,李氏复拣选其中部分写本,分与其婿。1922年,何震彝卒,其所藏敦煌写本由罗氏收购。赵生泉先生认为,由"壬戌所得"一语观之,这件《恪法师第一抄》便是何震彝旧藏。[②]

后者为方尔谦,其人曾任袁世凯的家庭教师,1910年,也参与了窃取敦煌写本之事。查罗振玉1922年3月22日致王国维信,其中提及购买何震彝所藏本

---

① 季羡林主编《敦煌学大辞典》,上海,上海辞书出版社,1998年,第792页。
② 赵生泉《〈恪法师第一抄〉考评》,《文物春秋》2012年第6期,第58页。

的珍品，并无《恪法师第一抄》。①据此推定该写本出自方氏，唯落入罗振玉之手的详细过程难以考证。

此外，李洪财先生还指出，《恪法师第一抄》不见于罗氏1922年以后多种敦煌文献目录，仅见于其晚年所作《宸翰楼所藏书画目录·己·书录》。据罗福颐所撰该书跋语，"册中著录，今日已成过眼云烟"，可知写本在罗振玉死后散佚民间。另外，李先生还比对了卷首印章与存世罗氏印章刀法之差异，认为卷首三方印章是民间人士所伪造，其钤盖方式亦不符合罗氏藏书惯例。也就是说，李先生认为，写本虽可断为罗振玉旧藏，印文却不足为据，这两点观察，更加强了之前的论点，即写本购自方尔谦。②

今案两说关键证据，在于罗、王书信与卷首印章。书信未必一一列出所得珍品，不足以否定写本购自何氏。而三方印章刀法之差异，以笔者拙眼观之，并无明显出入。另查东京国立博物馆藏《刘子》残卷，"抱残翁壬戌所得敦煌古籍"印，与此卷印文极其相近，可资比较。推测印章乃民间赝作，似嫌武断。

辽宁省博物馆藏《恪法师第一抄》残卷罗振玉印　东京国立博物馆藏《刘子》残卷罗振玉印

因此笔者认为，写本是罗振玉购自何震彝的说法，比较合理。再向前追溯，此写卷实系清末运抵北京的藏经洞之劫余，断无可疑，罗振玉死后流落民间，中华人民共和国成立以后，由公家收购，入藏辽宁省博物馆。

---

① 王庆祥、萧立文校注，罗继祖审订《罗振玉王国维往来书信》，北京：东方出版社，2000年，第526页。

② 李洪财《〈恪法师第一抄〉源流与时间断限考》，《书法赏评》2013年第1期，第42—43页。

三、关于"恪法师"

写卷第一行题"恪法师第一抄","恪"字墨色较浓,"法师第一抄"则为淡墨草书,上下勾连,有今草笔意,与正文为章草者不同。关于这一题首,学界曾有不同的理解。王海萍先生认为,"恪"乃恭恪之意,要么是讲经法师表示义疏撰者的谦虚,要么是记录的写手对讲经法师的尊敬。①

更广为接受的说法是认为"恪"乃僧人名号,如《法华玄赞》撰者窥基称"基法师",《行事钞》撰者道宣称"宣律师",类皆取法号最后一字称呼其人②。赵生泉先生进而检索了僧传中"恪法师"的可能人选,认为《宋高僧传·文纲传》所附"淄州名恪"最有可能。传云:

> 有淄州名恪律师者,精执律范,切勤求解。尝厕宣师法筵,躬问钞序义。宣师亲录随喜灵感坛,班名于经末,又附丽文纲之门也。③

传中所言与道宣的交往,"躬问钞序义",北宋元照《四分律行事钞资持记》卷一小注:"又引《战国策》云:'画鬼魅者易为巧,图犬马者难为功。'"又云:"淄州名恪律师亲问南山,即以此对,未知何出。"④ 合上下文观之,似乎名恪对习律产生动摇,道宣引《战国策》之语,坚固其信心。"宣师亲录随喜灵感坛,班名于经末",道宣撰《戒坛图经·戒坛受时仪轨》,末附创建戒坛时"兴心向赴者",有"东岳沙门名恪律师"。⑤

除此之外,名恪生平事迹无考,更不见其撰述名目。下文卷中引用崇俊撰《法华玄赞抉择记》,据篇首序,成书于大历三年(768),《恪法师第一抄》成书

---

① 王海萍《唐人写本〈恪法师第一抄〉浅析》,《书法丛刊》1996年第3期,收入《辽宁省博物馆学术论文集(1999—2008)》第二册,第1270—1271页。

② 上引赵生泉《〈恪法师第一抄〉考评》,第59页。曾良、李洪财《〈恪法师第一抄〉性质考证》,《敦煌研究》2011年第4期,第94—100页。

③ 范祥雍点校《宋高僧传》卷一四《文纲传》,北京:中华书局,第333—334页。

④《四分律行事钞资持记》卷一,《大正新修大藏经》第40册,第161页下栏—第162页上栏。

⑤《关中创立戒坛图经》,《大正新修大藏经》第45册,第817页上栏。

当晚于是年。因此"恪法师"绝不会与道宣同时。他的身世仍然是一个谜。

四、"第一抄"辨义及文本性质

题首中的"第一抄"，其含义曾长期困扰学界。曾良和李洪财两位学者最初的判断认为有两种可能，"一是可解为恪法师的草书是天下第一，即极度赞誉其书法之美，'抄'是取抄写、誊抄之意；二是指恪法师对经义的疏解至善至美，'抄'或写作'钞'，这里具体指佛典的义疏"。[①]无论称颂的对象是谁，"第一"被理解为最善最佳之意。

赵生泉先生广泛检索了文献中，特别是佛典中"第一抄"的用例，认为"窥基所说的'第一抄'似乎是指唯识宗修行的一种基本途径"。[②]检索文献用例固然是正确的研讨方向，但其实赵先生已经注意到此语亦见于《营造法式》等世俗文献，与唯识宗没有必然联系。

曾良先生全面搜罗藏内和藏外文献，比较圆满地解决了此问题。所谓"抄"，并非简单的抄写，亦非中古时期常见的抄略、节略之意，以敦煌本 P. 2275《维摩经抄》为例，可见"经抄"是对经文要语的疏解，是注释书的一种文体。至于"第一"，即指第一卷。这种说法不仅在藏内文献中常有，敦煌写本尚有 BD1213《法华经玄赞抄》。类似的"第二抄""第三抄"等也可以在《大藏经》中检索到，均指相应的卷数。[③]

那么"恪法师第一抄"，是指哪部作品的第一卷呢？李洪财先生曾经校录此卷，给出全部录文。经过比对发现，此卷开头从"酬说因"开始，对应窥基《法华玄赞》"初酬因有六：一酬行因，二酬愿因，三酬求因，四酬持因，五酬相因，六酬说因"[④]最后一项的疏解。下文分别解释"初依菩萨""二百万亿那由他岁""故赴宿因""说斯妙法""跋伽所住林""吉祥草""金刚座""破疑""声闻

① 曾良、李洪财《〈恪法师第一抄〉性质考证》，《敦煌研究》2011 年第 4 期，第 95 页。
② 上引赵生泉《〈恪法师第一抄〉考评》，第 60 页。
③ 曾良《有关〈恪法师第一抄〉杂考》，《敦煌吐鲁番研究》第十三卷（2013），第 475—481 页。
④《妙法莲华经玄赞》卷一《序品》，《大正新修大藏经》第 34 册，第 651 页中栏。

若菩萨闻我"等要语的含义 ①。

此外，书中还引用了其他法相唯识宗的论典和注释书，例如《大乘阿毗达磨杂集论》、慧沼撰《法华经玄赞义决》、智周撰《法华经玄赞摄释》、崇俊撰《法华玄赞抉择记》等。② 慧沼、智周、崇俊，都活跃在中唐时期的山东地区，是法相唯识宗的僧人。近年颇有新资料出土，可以考见其人生平。③ 从书中的引用书目判断，或许《恪法师第一抄》成立于 8 世纪中期的山东地区，随后迅速在 8 世纪后期吐蕃攻陷河西之前传入敦煌。

---

① 上引曾良、李洪财《〈恪法师第一抄〉性质考证》，《敦煌研究》2011 年第 4 期，第 99 页。

② 李洪财《〈恪法师第一抄〉释撰读与疑难草书字形和特殊写法举例》，《学行堂语言文字论丛》2012 年，第 183—223 页。

③ 参见师茂树《撲阳智周伝についての二、三の問題：師承關係を中心に》，《印度学佛教学研究》第 48 卷第 1 号（2000-12），第 170—172 页。同作者《唐代仏教における社會事業——慧沼とその弟子による架橋》，《花園大学文学部研究紀要》第 35 号（2003），第 43—60 页。同作者《八世紀における唯識学派の對外交流——崇俊·法清（法詳）を中心に》，《印度学佛教学研究》第 66 卷第 1 号（2017-12），第 1—9 页。定源《日本現存〈唐禅智寺故大德法師崇俊塔銘〉考釋》，《唐研究》第 26 卷，北京：北京大学出版社，2021 年，第 327—351 页。

法藏敦煌遗书 P. 2325 号《法句经疏》略考

——兼论敦煌文献的生成与流传

◎ 张远

一、敦煌《法句经》与《法句经疏》

（一）敦煌《法句经》述要

敦煌遗书本《法句经》（简作"敦煌《法句经》"）现于初唐，全文五千余字，以宝明菩萨问名号由来起始，分两会说法，以佛陀为宝明菩萨授记收场，并说闻经因缘，应奉经、护经如眼，颇具文学性和可读性，深受时人喜爱与重视。　如陈寅恪先生在《金明馆丛稿二编》之《敦煌本心王投陀经及法句经跋尾》中所言，"伦敦博物馆藏敦煌写本……斯坦因第贰仟贰壹号《佛说法句经》一卷。又，巴黎国民图书馆藏敦煌写本伯希和第贰叁贰伍号《法句经疏》一卷，今俱刊入大正续藏疑似部中。……经文虽伪撰，而李唐初叶即已流行民间矣"。[①]其传播之广、影响之深在特定时期甚至超过了藏内《法句经》。一直以来，佛教和佛经研究重视和突出所谓的"原典"，轻视非原典；重视印度，轻视印度以外的地区；重视被视为原典的巴利文、梵文经典，轻视

---

① 陈寅恪《金明馆丛稿二编》，北京：生活·读书·新知三联书店，2001 年，第 201 页。

翻译的经典，特别是汉译经典。[①] 当疑伪经现象从宗教领域走入学术视野，原本被视为"今宜秘寝，以救世患"的疑伪经，因其能反映当时当地社会及思想的真实形态而成为研究者眼中重要的佛教研究资料。[②] 敦煌《法句经》因其在佛教研究和疑伪经研究中的独特地位而具有重要学术价值。[③]

敦煌《法句经》现存副本，分藏于中、法、日、英等地。其中，中藏 11 件，法藏 3 件，日藏 2 件，英藏 9 件，总计 25 件。[④] 此外，浙江图书馆（浙敦 048）及浙江省博物馆（浙博 23）藏晚唐写本《佛说法句经》一卷引首，长 33.9 厘米，宽 25 厘米。引首纸 1 页，褐色麻纸。全文仅存首题"《佛说法句经》一卷"1 行，7 字，浓墨楷书。亦应为敦煌《法句经》之引首。[⑤]

（二）敦煌遗书中之五件《法句经疏》

敦煌《法句经》疏本，敦煌遗书中存有 5 件，分别为英藏 S.6220 号，法藏 P.2192 号，日本杏雨书屋藏本第 736 号，日本杏雨书屋藏本第 285 号，法藏 P.2325 号。前四件均为残卷，仅 P.2325 号《法句经疏》首尾俱全。

第一件，英藏 S.6220 号《法句经疏》（残卷）。长 25.5 厘米。首尾俱残。未出现经名。仅存 17 行。第 1 至 5 行、第 16 至 17 行亦残缺不全。第 14 至 15 行

① 王邦维《疑伪经研究：从真问题到假问题再到真问题》，载：方广锠主编《佛教文献研究（第一辑）》，第 176 页。

② 方广锠《从"文化汇流"谈中国佛教史上的疑伪经现象》，载：方广锠主编《佛教文献研究（第一辑）》，第 40 页。

③ 敦煌《法句经》概览，参见张远《敦煌遗书〈法句经〉略考》，《世界宗教文化》2020 年第 5 期，第 152—159 页。

④《敦煌学大辞典》（季羡林主编，上海：上海辞书出版社，1998 年），第 742 页，称总计 19 件。其中据称甘肃省博物馆藏 1 件，有误。甘肃省博物馆所藏，仅见甘博 001 号，《法句经卷下》，为前凉时期藏内《法句经》，首题题名《道行品法句经第廿八》，并非敦煌《法句经》。参见甘肃藏敦煌文献编委会编《甘肃藏敦煌文献》（第四卷），兰州：甘肃人民出版社，1999 年，第 1—3，368—369 页。另，《敦煌遗书总目索引新编》（敦煌研究院编，北京：中华书局，2000 年）索引，第 62 页，《佛说法句经》条所列"S.2692 号"并非敦煌《法句经》，而是《佛说法王经》；"P.2192 号"为敦煌《法句经》的注释本。又，《索引新编》索引，第 101 页，《法句经》条所列"P.2381 号"并非敦煌《法句经》，而是藏内《法句经》古写本；"P.3086 号"是《法句譬喻经》；"北 8727 号（河 001 号）"亦为《法句譬喻经》。敦煌《法句经》现存副本情况，详见张远《敦煌遗书〈法句经〉略考》，《世界宗教文化》2020 年第 5 期，第 154—156 页。

⑤ 黄征、张崇依《浙藏敦煌文献校录整理》第二册，上海：上海古籍出版社，2012 年，2805 号《佛说法句经》一卷引首校释，第 348 页。

有"故言《仏（佛）说法句经》一卷也"的表述。所存内容与法藏 P.2325 号《法句经疏》第 29 至 44 行基本一致。[①]

第二件，法藏 P.2192 号《法句经疏》（拟）[②]（残卷）。长 2235.6 厘米，宽 26.3 厘米至 28.4 厘米。首残尾全。存 1533 行。尾题：《佛说法句经》一卷。实则并非敦煌《法句经》正文，而是对敦煌《法句经》的不同于法藏 P.2325 号及英藏 S.6220 号的另一种版本的注释，篇幅极其宏大，又细致入微，是研究敦煌《法句经》及其流传的重要资料。研究者从用语考察，认为该疏文约形成于 7 世纪中叶。疏中引用其他经论六十余处。注明出处者，有《究竟大悲经》《诸法无行经》《持心梵天所问经》《净名经》《楞伽经》等，可考者有《二入四行论》等。这反映出一定程度的禅宗倾向。卷尾有题记，谓："辰年六月十一日勘校了，有学者达理而悟道。"该疏未见于历代经录，亦未被历代藏经所收。

第三件，日本杏雨书屋藏本第 736 号《佛说法句经疏》（残卷）。长 127.2 厘米，宽 27.9 厘米。首尾俱残。存 88 行。第 83 至 88 行前部亦残缺不全。所存内容大致为对敦煌《法句经》第一品、第二品之注疏。[③] 似未见于现存其他版本之《法句经疏》。日本学者田中良昭等将之归入禅宗系。[④]

第四件，日本杏雨书屋藏本第 285 号《佛说法句经并疏》（残卷）。长 1656.5 厘米，宽 28.5 厘米。首残尾全。存 1100 余行。尾题：《佛说法句经》一卷。所存内容大致为对敦煌《法句经》第三品至第十四品之注疏。[⑤] 其中，部分内容为敦煌《法句经》正文，部分内容与 P.2192 号《法句经疏》（拟）（残卷）相一

① 写卷影印版见《敦煌宝藏》第 45 册，第 135 页。参见《索引新编》，索引第 101 页，正文第 192 页。《敦煌宝藏》及《索引新编》均拟题名《法句经疏释》。实为与法藏 P.2325 号《法句经疏》同本之残卷。

② 参见《索引新编》，索引第 62 页。《索引新编》名之为《佛说法句经》，实为敦煌《法句经》的注释本，此处依季羡林先生主编之《敦煌学大辞典》拟名为《法句经疏》。

③ 写卷影印版见《敦煌秘笈》第 4 册，第 248—250 页。

④［日］田中良昭、程正《敦煌禅宗文献分类目录（3）注抄·伪经论类（2）》，《驹泽大学佛教学部论集》（第四十四卷），2013 年，第 458 页。

⑤ 写卷影印版见《敦煌秘笈》第 9 册，第 267—287 页。

致。田中良昭等亦将之归入禅宗系。①

第五件，法藏 P. 2325 号《法句经疏》，是现存唯一的对于敦煌《法句经》的完整注疏，也是本文着重考察的对象。P. 2325 号《法句经疏》篇幅约为敦煌《法句经》的三倍，疏文采用先总论、再分释的形式，卷首总论"略知教所在"，先逐字释题名"佛说法句经"，后称"自下释文，大判有三"，分明序分、辩正宗、流通分三门释义疏文，细至句词，条分缕析，是研究敦煌《法句经》及其流传的不可多得的重要史料，对于考察唐代佛教发展状况，大乘空观和般若思想的演变，摄论宗等中国部派佛教的沿革，禅宗思想的形成与发展，佛教与中国文人的关联，以及"伪经"或编译经在佛教典籍汉化与流传过程中的地位和作用，乃至敦煌写卷特别是敦煌草书写卷的书写特色等方面，都具有无可替代的学术价值。

（三）P.2325 号《法句经疏》写卷原貌与书写特色

法藏敦煌遗书 P.2325 号写卷，卷轴装，22 纸，共 592 行。总长 870 厘米，宽 27.2 至 28.9 厘米。其中第 1 纸长 38.5 厘米，第 2 纸长 12.3 厘米，第 3 至 22 纸长 40.7 厘米至 41.2 厘米不等。纸间有剪裁和粘贴的痕迹。写卷边缘有受潮的痕迹和水渍。②第 1 纸为后补之隶书，第 2 至 22 纸主体部分为草书，间有行书、楷书。第 2 纸应为写卷最初形态之第 1 纸，长度原为 41 厘米上下，缺损后残存 12.3 厘米，以隶书所书之第 1 纸补之。写卷第 1 至 571 行，为《法句经疏》一卷。首尾俱全。首题:《法句经疏》。尾题:《法句经疏》一卷。除去首题行（第 1 行）4 字，正文末行（第 569 行）13 字，空行（第 570 行），尾题行（第 571 行）6 字，每行约 18 至 28 字不等。全文共 571 行，不含文侧标注共计约 14000 字。第 571 行尾题"《法句经疏》一卷"之后，至第 587 行，为《金刚五礼》一卷。第 587 至 592 行，是一段介绍佛陀生平和三十二相的文字，其后缺损。写卷的背面还有一些包括梵语语法在内的零散文字，笔迹潦草，书写凌乱，间有大量空行，很多地方仅列出标题或关键字词，似为尚未补齐的听课笔记。令人激动的

---

① ［日］田中良昭、程正《敦煌禅宗文献分类目录（3）注抄·伪经论类（2）》，《驹泽大学佛教学部论集》（第四十四卷），2013 年，第 458 页。

② 参见《国际敦煌项目》数据库（http://idp.bl.uk）P.2325。

是，P.2325 号写卷虽然后部分存在缺损，但《法句经疏》文本相当完整，且品相极佳。

P.2325 号《法句经疏》写卷起首部分（第 1 纸，第 1 至 24 行）纸张颜色较深，无边白，边缘不规则，以中文隶书形式书写，字迹工整，字体扁大，笔画粗重，略显笨拙。为后人补书。写卷主体部分（第 2 至 22 纸，第 25 至 571 行）纸张颜色较浅，有边白，以中文草书形式书写，字迹清晰，字体娇小，笔画纤细，运笔流畅。写卷字形随意性强，非规范字频出，具有以下特点。

第一，与现代简体字形同或形近的草书字与规范的繁体字并存。有些字通篇使用草书字；有些字草书字与繁体正字混用；还存在同一个字部分草书化的情况，比较常见的是"讠""见""贝"等偏旁部首的草书化。这一现象与敦煌草书的书写特色紧密相关，一些草书字的楷体化，是现代简体字的重要来源。

除形同现代简体字之"无"（疏文中首次出现在第 2 行，下同）、"断"（2）、"借"（9）、"万"（14）、"号"（24）、"属"（34）、"随"（58）、"辞"（60）、"与"（84）、"决"（95）、"并"（106）、"况"（139）、"乱"（179）、"瞩"（181）、"盖"（248）、"盗"（303）、"强"（364）、"弥"（442）、"静"（515）、"嘱"（556）等古书正字外，写卷中随处可见与现代简体字形同或者形近的草书字或草书异体字(*)。例如："来"（7）、"废"（13）、"陈"（25）、"为"（25）、"觉"（26）、"则"（28）、"尽"（37）、"时"（43）、"发*"（50）、"书"（53）、"见"（57）、"学"（58）、"师"（60）、"违"（61）、"传"（62）、"烦"（65）、"应"（68）、"财"（76）、"马"（76）、"报"（78）、"问"（83）、"勒"（91）、"论"（96）、"会"（99）、"东"（100）、"着"（108）、"责"（125）、"腾"（135）、"约"（153）、"转"（215）、"热"（222）、"坚*"（256）、"长"（327）、"乐"（391）、"绝"（434）、"觅"（504）等。以及与偏旁"讠"之草书写法相关联的草书字，例如："说*"（25）、"谈"（26）、"辩"（28）、"记"（31）、"谓"（32）、"诠"（33）、"诸"（37）、"讬*"（46）、"净"（53）、"请"（80）、"诘"（89）、"谬"（92）、"论"（96）、"诳"（148）、"计"（155）、"调"（222）、"诲"（345）、"诣"（404）、"诵"（456）等。这种草书字与繁体正字混用的情况，甚至会在同一行出现。例如：第 128 行，先后使用了形同"为"的草

书字"为"（爲）和繁体正字"为"（為）。还有些字，同时出现繁体字、草书字和部分草书化的情况。例如："论"字，在写卷中有三种写法，包括繁体字"論"（14）、草书字"论"（96）和仅偏旁草书化的"论"（29）。

第二，规范字与异体字并存。

例如"暗"（360）与"闇"（179），"初"（42）与"初"（11），"佛"（23）与"仏"（25），"间"（122）与"閒"（11），"就"（79）与"就"（22），"實"（62）与"寔"（370），"受"（97）与"受"（52），"授"（82）与"授"（114），"託"（9）与"话"（46），"曜"（361）与"曜"（9），"友"（390）与"友"（29），"因"（34）与"囙"（7）等并存。甚至会在同一行出现。例如：第76行，先后使用了"袘"（袘）和"施"（施）。

第三，异体字频出。

写卷中还留有许多具有敦煌草书特色的异体字。例如"寻"（碍）、"抙"（拔）、"寶"（宝）、"俻"（备）、"閇"（闭）、"蕐"（蔽）、"徧"（遍）、"稟"（禀）、"筞"（策）、"苬"（差）、"纒"（缠）、"乘"（乘）、"穿"（穿）、"舩"（船）、"脣"（唇）、"牒"（牒）、"覩"（睹）、"惡"（恶）、"敢"（敷）、"對"（刚）、"高"（高）、"功"（功）、"皷"（鼓）、"覩"（观）、"寵"（龟）、"軓"（轨）、"猇"（号）、"弘"（弘）、"懷"（怀）、"壞"（坏）、"歓"（欢）、"還"（还）、"奐"（唤）、"稽"（稽）、"機"（机）、"寄"（寄）、"劫"（劫）、"戒"（戒）、"經"（经）、"竟"（竞）、"局"（局）、"據"（据）、"捐"（捐）、"峻"（峻）、"經"（經）、"寛"（宽）、"歭"（亏）、"歷"（历）、"樑"（梁）、"聊"（聊）、"恪"（恪）、"麁"（鹿）、"慢"（慢）、"鬘"（鬘）、"狼"（貌）、"貌"（貌）、"愍"（愍）、"寞"（冥）、"謬"（谬）、"嘿"（默）、"尼"（尼）、"儜"（襄）、"榮"（榮）、"祗"（祗）、"啓"（启）、"器"（器）、"橋"（桥）、"巧"（巧）、"輕"（轻）、"勸"（劝）、"染"（染）、"染"（染）、"遶"（绕）、"喪"（丧）、"参"（参）、"昇"（升）、"繩"（绳）、"袘"（施）、"寔"（实）、"數"（数）、"順"（顺）、"藕"（藕）、"碎"（碎）、"損"（损）、"檀"（檀）、"陁"（陀）、"沱"（沱）、"冈"（冈）、"网"（网）、"微"（微）、"我"（我）、"污"（污）、"析"（析）、"悉"（悉）、"喜"（喜）、"繫"（系）、"崄"（险）、"顯"

（显）、"耶"（邪）、"脩"（修）、"猒"（厌）、"䒚"（义）、"滛"（淫）、"求"
（永）、"潮"（御）、"圎"（圆）、"菀"（苑）、"雜"（杂）、"讚"（赞）、"乚"
（召）、"招"（招）、"筆"（肇）、"琛"（珍）、"直"（直）、"恒"（值）、"植"
（植）、"旨"（旨）、"拮"（指）、"走"（走）、"冣"（最）等。又如："譬"的异体
字"辟"（尸＋言＋辛）、"辟"（尸＋言＋辛）和通假字"辟"（辟，尸＋口＋辛），
三种写法并存；"辩"与异体字"辯"（辛＋言＋辛）和通假字"弁"，三种写法
并存；"尔"的异体字"尒"和"尔"，"寂"的异体字"寂"和"家"，"冥"的异体
字"窲"和"宲"，"恼"的异体字"惚"和"炽"（火＋忽），"凭"的异体字"摂"
和"凴"，"契"的异体字"勢"和"㓞"（㓞＋丶），"众"的异体字"衆"和"炋"，
"总"的异体字"揔"和"捴"，两种写法并存。

其中比较典型的还有多笔画或少笔画的异体字。异体字多一点，如"塵"
（尘）、"杜"（杜）、"昏"（昏，昏）、"伎"（伎）、"堅"（坚）、"眠"（眠）、
"泯"（泯）、"墨"（墨）、"塞"（塞）、"社"（社）、"氏"（氏）、"堂"（堂）、
"土"（土）、"託"（託）、"駄"（驮）、"挽"（挽）、"天"（天）、"友"（友）、
"壮"（壮）、"墜"（坠）；异体字少一点，如"徧"（徧，遍）、"艮"（良）、
"流"（流）、"偏"（偏）、"跞"（跞）、"莬"（菟，兔）、"宜"（宜）；异体字
多一横，如"辝"（辞）、"就"（就）、"明"（明）、"萌"（萌）、"溢"（溢）、
"惌"（怨）、"尊"（尊）；异体字少一横，如"畢"（毕）、"賁"（喷）、"瞋"
（瞋，喷）、"割"（割）、"害"（害）、"具"（具）、"俱"（俱）、"塪"（塪，坑）、
"廿"（廿）、"真"（真）；异体字多一撇，如"凡"（凡）、"沉"（汜，泛）、"壃"
（壃，疆）；异体字少一撇，如"卑"（卑）、"醜"（丑）等。

还有偏旁"彳"与"氵"的混用（"彳"与"氵"在草书中常形同或形近），例
如将"得"写作"淂"，将"復"写作"溴"，将"後"写作"洨"（後－彳＋氵）；偏
旁"冫"与"氵"的混用，如"盗"（盗）、"决"（决）、"况"（况）、"泠"（冷）；
偏旁"扌"与"木"的混用，如"攌"（機）、"橷"（扌＋亟）（極）；作为偏旁或
字中结构的"日""月""目"的混用，如"曜"（曜）、"間"（間）；作为偏旁的

竹字头"⺮"与草字头"艹"的混用①，如"蕳"（簡）、"蕳"（簡）、"茚"（節）、"荨"（等）、"苐"（第）；"广"与"疒"的混用，如"癕"（癰）；"穴"与"宀"的混用，如"牢"（牢）；字中结构"口"与"厶"的混用，如"弘"（弘）、"勾"（句）、"捐"（捐）、"强"（強）、"損"（損）、"圆"（圓）；以"朩"替代字中结构之"火"，如草书异体字"禁"（焚，形作"焚－火＋朩"）、草书异体字"埶"（褻，形作"褻－火＋朩"）；以"⺈"替代字中结构之"爫"，如"净"（淨）、"静"（靜）；以及字中结构的倒序或部分错位现象，如"槃"（槃）、"毗"（毘）、"聖"（聖）、"蘇*"（蘇）、"胷"（胷）、"鄣"（障）等。

第四，草书字形楷化字及简化字频出。

疏文中出现的草书字形楷化字，除上述与现代简体字形同或者形近的草书字或草书异体字之外，还有"深"（深）、"又"（五）、"顕"（显）、"氒"（举）、"寸"（等）、"易"（易）、"崄"（险），等等。草书简化字，例如将"心"字底略作一横，如"思"（思）、"念"（念）；将"菩萨"合文作"艹艹"或将"菩提"略作"艹提"。又如将"下"简写为"⻊"；"当"字，除第238行使用正字"當"外，其余均简写为草书字"旹"（肖－月＋田）（41）；"行"，除少数地方（第2，3，17，19，86，369，370，413行）使用正字外，多简写为"彳"（27）；"等"，简写为"寸"或使用异体字"荨"；"闻"之草书简化字形近"冲"，正字与草书简化字并存，甚至在同一行（第53，407行）出现，例如第53行第8字作"聞"，而第12及24字分别作"中"和"中"，第407行第5字作"中"，而第18字作"聞"；"亦"，有时简化为"匕"（第54行），还有时使用通假字"衣"，例如第438行，即先后出现了使用本义的"衣"、通假字"衣"和草书字"亦"。

第五，通假字频出。

通假字的情况也比较普遍。例如"或"字，常用来替代"惑"；"煞"替代"殺"；"惠"替代"慧"；"妄"替代"忘"；"知""智"混用；"楊""揚""陽"混用；"辯""辨"混用（常作异体字"弁"）；"衣""亦"混用，"衣"字，除自己的本意（351，353，438）外，有时通"亦"（43，132，136，178，180，434，469）；还

① 敦煌《法句经》副本中常见荅（答）、荨（等）、苐（第）。

数见与偏旁"亻"相关之通假字，如"傍"（232）通"旁"，"亭"（268，272）通"停"，"像"（9，518）通"象"，异体字"值"（562）通"植"；与"艹"字头相关之通假字，如"苞"（20，96）通"包"，"菟"（272）通"兔"，"牙"（372，373）通"芽"，"新"（378）通"薪"，等等。

异体字和通假字的界限有时比较模糊。比如，"泠"（223），既为正字，又同"零""伶"等，疏文中用作"冷"，既为通假字，亦可理解为"冷"之异体字；"袘"（76），古注同"袉"，疏文中用作"施"，既可以认为是"施"的异体字，也可以理解为通假字。疏文中除一处使用异体字"苐"（79）之外，通篇以"弟"代替正字"第"，因而也可以认为"弟"是"第"的异体字之一。

同一个字在敦煌写卷中的不同异写，有时是因为不同写手书写习惯的差异，比如"尔"的异体字"尒"和"尓"或"总"的异体字"揔"和"捴"；有时具有一定的随意性，比如偏旁"言"与草书化偏旁"讠"的混用；还有时是因为古代汉语里的不同字在现代汉语中被合并成了同一个字，而在古代汉语里，不同的书写方式表达不同含义，例如"号"字，在表示"称号"时，往往使用草书字"号"；而在表示"号哭"时，则使用异体字"號"（号＋虒）。

敦煌遗书出土后，P.2325 号《法句经疏》被收入日本《大正新修大藏经》（简称《大正藏》）第 85 卷，T2902《法句经疏》，第 1435 页第 3 栏第 7 行至 1445 页第 1 栏第 6 行。令人遗憾的是，疏文第 6 行至第 22 行第 19 字未见于《大正藏》录文，且字词断句讹误颇多。《大正藏》录文讹误之多，远多于写卷本身的零星笔误，严重影响了文义。例如疏文第 209 行，连续三个字录文错误，第 17 字，原文为"渴"（渴），录文作"陽"；第 18 字，原文为"相"（相），录文作"於"；第 19 字，原文为"似"（似），录文作"以"。这样，"炎（焰）随渴相，似水无实"，竟变成了"炎随阳于，以水无实"[①]，使得原本明晰的文义变得不知所云。又如疏文第 212 行第 8 字，原文为"望"（望），录文作"聖"；第 11 字，原文为"渴"（渴），录文作"濁"。"望济其渴"变成了"圣济其浊"[②]，与原意大相径庭。

---

① 《法句经疏》（T2902），《大正新修大藏经》第 85 卷，第 1439 页第 1 栏第 3 行。
② 《法句经疏》（T2902），《大正新修大藏经》第 85 卷，第 1439 页第 1 栏第 7 行。

再如第 315 行第 17 字，原文为"安"（安），录文误作"要"①，"三中既无，因义安在？"变成了"三中既无因义，要在……"，不仅影响了文义，还造成了断句的错位。类似情形，多达三百处。

二、"口传笔录"——结合口传与书传

众所周知，"写本时代文本的传播与传承，主要依靠传抄实现"②。无论佣书人还是写经生，独入净室，注目倾心，寂然抄写，至暮方出，③ 这样的抄录模式可能占据了写经文献之大多数。正因如此，敦煌写经之中留存的以"口传笔录"的形式"听写"而成的写卷才尤为值得关注，也正是本节考察的核心。

P. 2325 号《法句经疏》主体部分以中文草书形式书写，保留了大量具有敦煌遗书特色的异体字和草书字，具有如草书字与繁体正字并存，异体字与规范字并存，异体字、通假字、草书字形楷化字频出等特点，同时也是现存唯一的对于敦煌《法句经》的完整注疏。从内容和文体上看，这种经疏体文本本身就具有口头创作的性质。其书写特征，更是将这种口传与书传相结合的特质彰显无遗。

（一）P.2325 号《法句经疏》之同字异写与表音旁注

首先，在 P. 2325 号《法句经疏》写卷正文部分，同一个字出现了若干种不同写法。这证明写卷正文部分由多人接力书写而成。

在这部约 14000 字的写卷中，同一个字出现了多达五种不同写法。这些异写，主要是使用了不同的异体字和通假字，还包括字体（如隶书、草书、行书、楷书）之别。例如"辩"字，在第 5 行写作"辯"，第 28 行作"辩"，第 38 行作"辩"，第 43 行作"辩"，第 112 行使用通假字"弁"（弁）。又如"实"字，第 152 行作"实"，第 156 行作"实"，第 157 行作"實"，而在第 370 行作异休字"寔"。"论"字，第 14 行作"論"，第 29 行作"论"，第 96 行作"论"。"寂"字，在第 2 行使用隶书异体字"寂"（寂），在第 122 行使用草书异体字"寂"（寂），而在

---

① 《法句经疏》（T2902），《大正新修大藏经》第 85 卷，第 1440 页第 3 栏第 18 行。

② 武绍卫《无名僧人的名山事业：中古时期僧人的日常抄经与校勘活动》，《中国史研究》2021 年第 2 期，第 140 页。

③ 《法华传记》（T2068），《大正新修大藏经》第 51 卷，第 83 页第 2 栏第 8 至 22 行。

第 298 行使用草书异体字"豖"（豖）。写卷所现之同字异写，如表 2-1 所示。

表 2-1：P.2325 号《法句经疏》之同字异写（以拼音为序）①

	异一	异二	异三	异四	异五
暗（闇）	闇（179）	暗（360）			
苞（通"包"）	苞（20）	苞（96）			
寶（宝）	寶（31）	寳（438）			
備（俻）	俻（16）	備（119）			
遍（徧）	徧（18）	徧（183）			
辯（弁）	辯（5）	辨（28）	辨（38）（通"辨"）	辨（43）	弁（112）
標（橖）	橖（65）	標（376）			
并（並）	並（23）	並（25）	并（106）		
不	不（5）	不（34）	不（140）		
差（荖）	差（22）	差（335）	差（335 注）	差（555）	
嗔（瞋）	嗔（126）	瞋（130 注）	瞋（422）		
乘（乗）	乘（12）	乗（95）			
重	重（27）	重（125）	重（456）		
初（刅）	初（11）	初（42）			
辭	辭（60）	辭（160）			
待	待（111）	待（311 注）			
當	當（41）	當（238）			
得（淂）	淂（4）	得（12）	得（39）	得（102）	
等（莕）	等（47）	等（299 注）			
第（弟、苐）	弟（45）	弟（79）			
斷	斷（2）	斷（55）			
而	而（10）	而（29）	而（478）		
尔（尒、尓）	尒（43）	尓（83）			
凡	凡（109）	凡（148）			
非	非（39）	非（44）	非（116）	非（156 注）	
佛（仏）	佛（23）	仏（25）			

---

① 表中截图为 P.2325 号《法句经疏》中首现该异写之截图。同一字之不同异写以《法句经疏》中出现先后为序。

敦煌草书写本初识
——吕义先生纪念文集

	异一	异二	异三	异四	异五
復（復）	（14）	（72）	（341）		
高（高）	高（81）	高（137）	高（442注）		
觀	觀（105）	觀（122）			
号	号（24）	弓（26）	（394）		
弘（弘）	弘（84）	（425）			
後	後（29）	（197注）			
懷（懷）	（29）	懷（29注）			
還（迸）	（8）	（61）	（283）	（283注）	（283注）
會（会）	（99）	會（100）			
惠	惠（280）（通"慧"）	惠（282）	（439）		
或	或（22）	或（25）			
機（機）	機（17）	機（95）	機（322）		
極	極（11）	極（30）			
寂（寂、寂）	（2）	（122）	寂（298）		
寄	寄（311）	寄（311注）			
間（閒）	（11）	（122）	間（137）	間（178）	
簡（蕑）	簡（20）	（461）			
節（莭）	節（102）	（416）	（416注）	（454）	（454注）
借（藉）	借（9）	藉（13）	（46）	借（139）	
今	余（20）	（25）	今（391）		
盡（尽）	盡（12）	（37）	盡（37注）	主（543）	
經（経）	經（13）	（25）	（38）	（218）	
竟	（8）	竟（121）	（160）	竟（210注）	
就	（22）	（25）	（79）		
局（局）	局（20）	局（33）			
舉（処）	舉（16）	舉（40）	舉（67）		
句（勾）	（1）	勾（32注）	句（33）	勾（117）	
具	（258）	具（258注）			
空	空（6）	空（29）	空（289）		
來	來（7）	來（27）	來（99）	來（122）	來（122注）
類	類（110）	數（272）			

	异一	异二	异三	异四	异五
良	良(35)	良(104)			
流(流)	流(6)	派(43)	泝(58)	流(58注)	
論	論(14)	论(29)	论(96)		
滿	滿(15)	蒲(15)	滿(27)		
憫(慜、愍)	愍(29)	愍(219)			
明(眀)	明(7)	眀(27)	明(27)	眀(115)	
冥(窅、宴)	窅(105)	宴(277)			
默(嘿)	嘿(5)	嘿(501)			
惱(恼)	恼(65)	恼(426)			
譬(辟)	臂(138)	臂(145)	辟(222)(通"譬")		
憑(撦、凴)	㮇(360)	凴(381)			
启(啓)	启(4)	啓(47)			
契(㷉、挈)	㷉(206)	挈(435)			
器(噐)	器(10)	噐(397)			
前	歬(65)	前(67)	前(139)		
輕(轻)	輕(74)	輕(74注)			
勸	勸(104)	勧(130)			
染	染(174)	㴱(220)			
弱	弱(6)	㾁(452)			
薩	薩(9)	萨(67)			
喪	喪(6)	喪(93)			
深	㴱(21)	深(30)	㴱(30注)	㴱(285)	
聖(聖)	聖(5)	聖(43)			
施(祂)	祂(76)	施(76)			
食	食(72)	食(72)	食(72注)	食(228注)	
實(窴)	実(62)	実(156)	實(157)	窴(370)	
識	識(137)	識(157)			
事	事(14)	事(25)	事(132)		
侍	待(86)(通"侍")	侍(349)			
適	适(363)	適(363注)			
釋	釋(22)	釋(42)	釋(110)		
受	受(52)	受(97)			

	异一	异二	异三	异四	异五
授	授(82)	授(114)			
熟（孰）	熟(100)	熟(546)			
疏（疎）	(1)	疏(571)			
数（數）	数(67)	數(67注)	双(228)	數(228注)	
顺（愼）	(7)	愼(60)			
斯	(2)	(47)	(47注)		
天	天(24)	(26)	天(69)		
途	徒(8)（通"途"）	途(345)			
徒	徒(14)	徒(446)			
土（圡）	(24)	土(26)			
兔（菟）	兔(13)	菟(272)			
託	託(9)	話(46)			
陀（陁）	(24)	陁(26)			
万	万(14)	万(48)			
妄	妄(8)	妄(126)			
微	(9)	(78)			
聞	(48)	(49)	開(53)		
問	(79)	(81)			
我	戎(48)	(50)	我(53注)		
无（無）	(2)	无(27)	(314)	無(314注)	
五（乂）	五(35)	五(35注)	五(38)		
喜	(104)	喜(127)			
下	(42)	下(43)			
響	響(126)	(255)（通"響"）			
像（通"象"）	像(9)	像(518)			
邪（耶）	(4)	耶(38)	耶(41)		
薪	(378)（通"薪"）	(378注)（通"薪"）	薪(378)		
行	(2)	(27)	行(86)		
脩	(35)	(36)	(123)	(438)	(544注)
言	(2)	(13)	(26)	(52)	

	异一	异二	异三	异四	异五
陽	楊（138）（通"陽"）	陽（506）			
揚	楊（30）	楊（125）（通"揚"）			
曜（曜）	曜（9）	曜（361）			
亦	亦（43）（通"亦"）	亦（43 注）（通"亦"）	亠（54）	右（75）	永（75 注）
易	易（312）	易（559 注）			
意	意（3）	意（31）	意（85）	意（86 注）	
義	義（13）	義（29）	義（253）		
譯	譯（24）	譯（26）	譯（36）		
因（囙）	因（7）	因（34）			
永（永）	永（241）	永（241 注）			
湧	湧（37）（通"湧"）	湧（40）			
友	友（29）	友（390）			
有	有（3）	有（27）	有（43）	有（107）	有（181）
御	御（5）	御（434）			
圓（圓）	圓（11）	圓（27）			
雜	雜（66）	雜（69）			
真	真（3）	真（27）	真（27 注）		
知	知（13）	知（116）	智（284）（通"知"）		
植	植（82）	植（562）（通"植"）			
旨（百）	旨（3）	旨（32）			
中	中（17）	中（49）	中（50）		
眾（衆、眾）	眾（20）	眾（29）	眾（52）		
轉	轉（76）	轉（215）	轉（332 注）		
總（捴、捴）	總（21）	捴（65）			
足	足（16）	足（111）	足（279）		

其次，P. 2325 号《法句经疏》写卷行间旁注中，亦有字形、字体、墨迹深浅等书写差异，并存在对正文文字的误读。这证明写卷旁注亦由多人接力书写，且旁注之书写者与正文主书者并不相同。

在写卷正文的右侧、左侧或下方，常有以浅墨或浓墨补充、修改的痕迹。原文草书字迹难以辨认之处，书写、讲习经疏的僧人或信众还会楷书于文侧以便读诵。写卷行间旁注中，亦有字形、字体、墨迹深浅等书写差异。这证明写卷的书写者和旁书者并非一人，而旁书者又很可能不谙草书，故而难免误释。例如疏文第 384 行第 3 字，原文为草书字 "客"（客），右侧楷书误释为 "容"（容）。第399 行第 12 字，原文为与现代简体字同形之草书字 "会"（会），右侧楷书误释为 "念"（念）。表 2-1 之同字异写中列出了部分旁注用字。旁书误释之例举，如表2-2 所示。

表 2-2: P.2325 号《法句经疏》之误释旁注（以《法句经疏》中出现先后为序）

位置	疏文正文	旁注
第 96 行	"履"（履）	误释作 "伤"（伤）
第 212 行	"望"（望）	误释作 （宝）
第 344 行	"履"（履）	误释作 "殇"（殇）
第 384 行	"客"（客）	误释作 "容"（容）
第 399 行	"会"（会）	误释作 "念"（念）
第 413 行	"患"（患）	误释作 （速）
第 436 行	"到"（到）	误释作 "利"（利）
第 450 行	"客"（客）	误释作 "容"（容）
第 467 行	"两"（两）	误释作 "多"（多）
第 474 行	"两"（两）	误释作 （多）
第 515 行	"两"（两）	误释作 （多）
第 547 行	"领"（领）	误释作 "饮"（饮）

再次，结合上述两点来看，写卷正文或旁注中之异写，无论字形是否相近，均为同音；写卷旁注，无论楷体释文或是读若、反切，甚至误释旁注，其初衷均为表音。这证明写卷的生成与传播均以声音为核心。

当我们继续审视这些异写，我们不由得发现，这些同一个字的不同异写，既包括多笔画或少笔画的形近字，也存在相当数量的一批字形差异较大的同音字，包括通假字。

音同形异的异体字、通假字、同音借用字，在用同音之字替代本字的同时，事实上造成了形义脱节，在一定程度上反映了汉字的表音趋势，也是把文字单纯看作声音符号的一种表现。① 如果异写源自书写的随意性、笔误或传抄讹误，抑或源自书写者并不太高的文化水平，这对于字形相近或多笔画、少笔画之异写尚可理解，然而对于字形差别较大之异写则无法说通。很难想象一位或几位书写者面对同一个"定本"之时会将"寂"一会儿抄作"宑"（寑），一会儿抄作"宧"（宧）；或是将"喜"一会儿抄作"悳"（忄＋憙），一会儿抄作"喜"（喜）；"閣"（闇）、"暗"（暗）混用，"辧"（辩）、"卉"（弁）混用，"並"（並）、"幷"（并）混用，"藉"（藉）、"借"（借）混用，"衤"（衣）、"亡"（亦）混用，"𠂕"（知）、"智"（智）混用，"論"（論）、"㑽"（讠＋侖）、"论"（论）混用，如是等等。除非这些音同形异之字仅仅作为声音的记录，而这个假想的"定本"并不存在。

P. 2325 号《法句经疏》罔顾字形，异写混用，通假频出，字形多变，却在读音的一致性上达到高度统一，正是将文字用作表音符号来记录流动声音的表现。因此，有充分的理由相信，这部写卷在本质上既传承自"讲习"——声音的流动，又生成自"听写"——声音的记录。

在写卷正文部分经"口传笔录"主书完成后，书于行间的旁注文本相继产生。旁注之误，固然源自字形相似，然而旁注之初衷，却极可能是为了注音。草书文本给一些僧人和信众畅习疏文造成了阻碍，故需楷体旁书标注读音，以便反复诵读、宣讲和继续流传。误释旁注反映了注音时出现的偏差，而正释旁注中不仅有大量同字之楷书释文，起到了标注读音的作用，亦不乏注音之绝好例证。如表 2-3 所示。

表 2-3：P.2325 号《法句经疏》之表音旁注（以《法句经疏》中出现先后为序）

位置	疏文正文	旁注
第 160 行	"纠"（糾）	"䈞"（故酉，反切）
第 184 行	"允"（允）	"尹"（尹，读若）
第 368 行	"飮"（飲）	"盂"（盂，读若）
第 380 行	"袊"（射）	"祉"（社，读若）

---

① 陆宗达、王宁《训诂方法论》，北京：中华书局，2018 年，第 55 页。

无论这些异写的字形是否相似，无论是多笔画、少笔画、字形或字中构件相异之异体字，还是同音借用之通假字，遑论字体差异，其共通之处即音同或音近。无论误释旁注还是正释旁注，这些注释的初衷均为注音。也就是说，这份写卷是一份对于声音的书写，是"听写"自"讲习"，而非抄写自某个"定本"。

（二）P.2325 号《法句经疏》之现存唯一副本

P.2325 号《法句经疏》"口传笔录"的另一旁证是其现存唯一副本——英藏 S.6220 号《法句经疏》（残卷）中所保存之异文。这证明二者均为传播之中的"活"的文本，尚不具备"定本"之稳定性，亦即具有口传文献的主要特征。

S.6220 号《法句经疏》（残卷）[①]，首尾俱残。仅存 17 行。所存内容与 P.2325 号《法句经疏》第 29 至 44 行基本一致。异文情况如表 2-4 所示。

表 2-4：P.2325 号《法句经疏》与 S.6220 号《法句经疏》（残卷）之异文对照

（以《法句经疏》中出现先后为序）

P.2325 号《法句经疏》		S.6220 号《法句经疏》（残卷）	
位置	疏文	位置	疏文
第 29 行	空	第 1 行	泯
第 31—32 行	法者有其四種	第 3 行	法有四種
第 34 行	法不自彰	第 5 行	法不自引（弘）
第 35 行	之言	第 6 行	言之
第 36 行	多羅有五義	第 8 行	多羅五義
第 37 行	煦（误）	第 8 行	泉
第 39 行	（－－）	第 10—11 行	始終莫易，故謂之常。
第 39 行	（－－）	第 11—12 行	可為軏（軌）用，釋為法
第 40 行	六（误）	第 12 行	二
第 41 行	（－－）	第 13—14 行	此則兩言一會，內外寞（冥）扶
第 42 行	一也	第 14 行	為一

---

① 写卷影印版见《敦煌宝藏》（第45册），第135页。参见《索引新编》，索引第101页，正文第192页。《敦煌宝藏》及《索引新编》均拟题名《法句经疏释》。实为与法藏 P.2325 号《法句经疏》同本之残卷。

P.2325 号《法句经疏》		S.6220 号《法句经疏》（残卷）	
第 42 行	云	第 14 行	言
第 43 行	辩	第 16 行	释
第 43 行	文殊	第 16 行	弥勒

通过比对二者异文可知，S.6220 号《法句经疏》（残卷）修改了 P.2325 号《法句经疏》中的两处错误，并增添了数十字内容，还有少许字词有出入，多为同义替换。

由此可见，二者均为在诵读和传承过程中的"活"的文本，应为同时或先后产生，非常契合口传文献的特征，因其形态并未完全定型，并未进行对校等校勘，亦不具有"定本"之稳定性。

综上所述，通过考察 P.2325 号《法句经疏》中同一个字的不同异写、写卷中的表音旁注及其现存唯一副本英藏 S.6220 号《法句经疏》（残卷）中保留之异文等方面内容，本节证实 P.2325 号《法句经疏》及以其为代表的相当数量的敦煌文献之生成与流传，并非如前人所述"抄写"而成，而是以"口传笔录"的形式"听写"使然，虽不能算作严格意义上的口头文献，却是一种书面文献的口头传播，是民间口传与民间书传相结合的产物。

三、"百衲写卷"——供养写卷百衲衣

更加令人难以置信的是，P.2325 号《法句经疏》这份仅一万余字的敦煌写卷，不仅生成自"口传笔录"，而且是由数百人次接力完成的。

（一）P.2325 号《法句经疏》书写人次之场景还原

（1）以单字为例

以异体字、通假字、行间注释等例举，证明 P.2325 号《法句经疏》无论正文还是行间注释均是由多人接力传书而成。那么，这个"多"，究竟是多少呢？

先以疏文中屡现之"並"（并）、"非""經"（经）、"舉"（羃）、"聞""問""我""行"在写卷中交替使用之不同写法为例，证明写卷书写者之更迭切实存

在。依次如下。

表 3-1：P.2325 号《法句经疏》之"并"（行，行 - 字）[①]

并（23）	并（25）	并（56）	并（93）	并（106）	并（159）
并（245）	并（265）	并（391-17）	并（391-21）	并（401）	并（407）
并（417）	并（421）	并（508）	并（538）	并（557）	

表 3-2：P.2325 号《法句经疏》之"经"

经（1）	经（13）	经（14）	经（20-10）	经（20-21）	經（22）
经（23）	经（25）	经（35-2）	经（35-22）	经（36）	经（38）
经（39）	经（42）	经（43）	经（47）	经（50）	经（51）
经（59-18）	经（59-26）	经（61）	经（62）	经（63-5）	经（63-18）
经（64）	经（66）	经（101）	经（218）	经（292）	经（330）
经（422）	经（464）	经（543）	经（552）	经（557）	经（560）
经（561）	经（562）	经（565）	经（566）	经（568）	经（571）

表 3-3：P.2325 号《法句经疏》之"举"

举（16）	举（40）	举（67）	举（122）	举（123）	举（140）
举（141）	举（209）	举（210）	举（287-8）	举（287-24）	举（565）

表 3-4：P.2325 号《法句经疏》之"闻"

闻（48）	闻（49）	闻（50）	闻（52）	闻（53-8）	闻（53-12）
闻（53-24）	闻（54）	闻（57）	闻（77-9）	闻（77-18）	闻（84）
闻（92-12）	闻（92-15）	闻（94）	闻（101）	闻（104）	闻（111）
闻（185）	闻（224）	闻（228）	闻（234）	闻（255）	闻（297）
闻（337）	闻（385）	闻（386）	闻（387）	闻（388-6）	闻（388-19）
闻（391）	闻（397）	闻（400）	闻（407-5）	闻（407-18）	闻（526）
闻（536）	闻（543）	闻（546）	闻（547）	闻（548）	闻（551）
闻（555）	闻（557）	闻（558）	闻（559-2）	闻（559-6）	闻（560）
闻（561-3）	闻（561-16）	闻（562）	闻（563）	闻（568）	

① 非同行之同字异写仅标注行号。同行之同字异写以出现先后为序，并标注该字在该行中位置。行中字序不含行间旁注。下同。

表 3-5：P.2325 号《法句经疏》之"问"

问（79-22）	问（80-8）	问（80-16）	问（81）	问（83-14）	问（83-23）
问（90）	问（142-8）	问（142-16）	问（283）	问（292）	问（405）
问（406）	问（411-5）	问（411-12）	问（411-23）	问（412）	问（414）
问（415）	问（417）	问（454）	问（556）	问（557）	

表 3-6：P.2325 号《法句经疏》之"我"

我（48）	我（50）	我（53-11）	我（53-23）	我（53-23 注）	我（54）
我（56）	我（57-6）	我（57-6 注）	我（57-13）	我（57-13 注）	我（57-17）
我（57-22）	我（58-13）	我（58-22）	我（85）	我（114）	我（116）
我（226）	我（238）	我（238 注）	我（332）	我（334）	我（335）
我（361）	我（392-4）	我（392-4 注）	我（392-11）	我（392-24）	我（392-24 注）
我（422-19）	我（422-21）	我（461）	我（464）	我（499）	我（526）
我（526 注）	我（534）	我（534 注）	我（538）	我（539）	我（539 注）
我（541）	我（541 注）	我（542）	我（542 注）	我（545）	

表 3-7：P.2325 号《法句经疏》之"行"

行（2）	行（3）	行（17）	行（19）	行（27）	行（32-8）
行（32-24）	行（76）	行（86）	行（139）	行（140）	行（188-1）
行（188-18）	行（189）	行（190）	行（228）	行（230）	行（234）
行（243）	行（270）	行（275）	行（286）	行（345）	行（350）
行（368）	行（369）	行（370）	行（377）	行（391）	行（394）
行（397）	行（413）	行（422）	行（429-15）	行（429-25）	行（430-16）
行（430-22）	行（431-1）	行（431-5）	行（431-21）	行（434）	行（435）
行（441）	行（458-14）	行（458-24）	行（494）	行（495-1）	行（495-8）
行（495-14）	行（495-24）	行（500）	行（501-10）	行（501-16）	行（502-5）
行（502-22）	行（512）	行（513）	行（516）	行（526）	行（527）
行（528-8）	行（528-11）	行（528-16）	行（528-22）	行（529）	行（530）
行（544-17）	行（544-26）	行（564）	行（566）		

　　再以写卷中出现频率较高之"非"字和"有"字为例，证明写卷书写者更迭至少百次。

P.2325 号《法句经疏》中出现"非"字总计 87 次（含重文符 1 次）。依次如下。

表 3-8：P.2325 号《法句经疏》之"非"

非（39）	非（44）	非（53）	非（62-1）	非（62-26）	非（78）
非（81）	非（105）	非（110）	非（112）	非（116）	非（118-2）
非（118-14）	非（142）	非（156）	非（156 注）	非（163）	非（164）
非（166）	非（167-8）	非（167-19）	非（181-13）	非（181-18）	非（195-13）
非（195-15）	非（197）	非（203）	非（204）	非（207-6）	非（207-26）
非（231）	非（234）	非（238）	非（239）	非（243）	非（272）
非（275-3）	非（275-5）	非（306）	非（310-4）	非（310-6）	非（310-9）
非（339）	非（340）	非（392-3）	非（392-23）	非（416）	非（445）
非（451）	非（455）	非（474-6）	非（474-20）	非（475-2）	非（475-12）
非（475-19）	非（475-21）	非（476-3）	非（476-8）	非（476-10）	非（476-13）
非（476-15）	非*（476-16）	非（477-10）	非（477-12）	非（477-14）	非（477-17）
非（477-23）	非（478）	非（479）	非（480-8）	非（480-12）	非（483）
非（484-19）	非（484-23）	非（485）	非（486）	非（491-11）	非（491-22）
非（492）	非（501-1）	非（501-7）	非（508）	非（509）	非（514）
非（516）	非（531）	非（559）			

P.2325 号《法句经疏》中出现"有"字总计 234 次（含重文符 1 次，删除符 1 次）。依次如下。

表 3-9：P.2325 号《法句经疏》之"有"

有（3）	有（18）	有（22）	有（27）	有（32）	有（36）
有（38）	有（42）	有（43）	有（46-1）	有（46-25）	有（54-3）
有*（54-4）	有（55）	有（56）	有（57）	有（58）	有（59）
有（66）	有（69）	有（71）	有（72）	有（73）	有*（74-9）
有（74-11）	有（75-9）	有（75-18）	有（79）	有（80）	有（87）
有（91）	有（92-10）	有（92-20）	有（94）	有（96）	有（99-1）
有（99-8）	有（102）	有（107）	有（108）	有（110）	有（111）

有（112）	彡（117）	彡（118）	有（122）	有（124）	病（126）
有（127）	有（131）	有（137）	有（139-8）	有（139-24）	有（140）
彡（144）	彡（147）	有（151）	有（153）	有（154）	有（155）
有（156）	有（159）	彡（161）	彡（162）	彡（164）	彡（165）
有（169）	彡（170）	彡（171）	有（173）	彡（178）	彡（180-6）
有（180-26）	有（181-14）	彡（181-25）	彡（189）	有（190）	彡（191）
有（198-1）	有（198-22）	彡（199-5）	彡（199-13）	彡（201）	彡（202-1）
彡（202-5）	彡（202-14）	彡（203-3）	彡（203-23）	有（203-25）	彡（204-12）
彡（204-17）	有（204-22）	有（205-6）	有（205-19）	有（205-21）	有（207）
有（208-2）	有（208-9）	有（209）	彡（216）	有（217）	彡（221）
彡（222）	有（226）	彡（231）	有（233）	彡（237）	彡（239）
有（240）	彡（253）	有（256）	彡（257）	彡（260）	彡（261-4）
彡（261-7）	彡（265）	彡（270）	有（272）	有（274-21）	有（274-25）
彡（275）	彡（276）	彡（279）	彡（280）	有（283）	彡（284-16）
有（284-24）	彡（291）	有（293-9）	彡（293-11）	彡（293-16）	彡（293-22）
彡（295）	彡（301）	彡（302）	彡（303）	彡（304）	彡（305-2）
有（305-24）	彡（306）	彡（308）	有（309-17）	彡（309-21）	彡（311）
彡（312-16）	彡（312-22）	彡（313-6）	有（313-16）	彡（313-23）	彡（314）
彡（319-9）	有（319-19）	有（319-25）	有（323-1）	有（323-10）	彡（329）
有（330）	有（331）	有（335-7）	有（335-13）	彡（336）	有（345）
有（347）	彡（349）	有（355-8）	有（355-11）	有（355-14）	彡（355-16）
彡（355-18）	有（355-21）	有（355-25）	彡（357）	有（363）	有（369）
有（371）	彡（377）	有（386）	彡（387）	有（399）	有（400）
彡（401）	彡（403）	有（408）	有（414）	有（417）	彡（419-8）
彡（419-21）	有（421）	彡（425）	有（427）	彡（430-13）	彡（430-21）
彡（442）	彡（448）	彡（449）	有（453）	有（454）	彡（458）
彡（462）	有（463）	彡（465）	彡（466）	有（472）	彡（474）
彡（482-6）	彡（482-9）	彡（484-7）	彡（484-20）	有（488）	彡（489）
有（490）	有（491）	有（492-4）	有（492-7）	有（492-11）	有（492-20）
彡（494-3）	有（494-18）	有（508）	有（510）	彡（513-7）	彡（513-21）
有（521）	彡（535）	彡（542）	有（546）	有（547）	有（549）
彡（552）	有（556）	有（557）	有（559）	有（563-19）	彡（563-22）

　　虽然可能存在同一位写手在一通书内行、草互用，甚至兼有隶、楷的情况，然而写卷中同是草书或行书，却经多人之手的情形更为常见。例如"有"（第27行）、"有"（第107行）、"有"（第180行）、"有"（第181行）、"有"（第369行）等，很难认为是出自一人之手。再较之以"非"（第39行）、"非"（第44行）、"非"（第116行）等，加之以写卷中所现之大量异体字、通假字等例举及写卷"口传笔录"之听讲笔记性质，这与一些书法家书写的注重艺术效果的写卷具有本质不同。试想，当一个学生在记录课堂笔记的时候，他会刻意地使用不同的字形来表达同样的含义吗？字形变化会在一定程度上妨碍诵读，故而书写者不仅不会有意为之，还会尽量避免。故而此处更倾向于认为草书之"非""有"与行书、楷书等之"非""有"均出自不同书写者之手。

　　从"非"字不同写法之更替，可见写卷主书者之改换情况依次为：第39至44行（1次，后略），第44至53行，第53至62行，第62行，第62至78行，第81至105行，第118行，第118至142行，第142至156行，第163至164行，第164至166行，第166至167行，第167至181行，第207至231行，第231至234行，第243至272行，第272至275行，第275至306行，第310至339行，第416至445行，第451至455行，第455至474行，第477至478行，第480行，第480至483行，第484行，第484至485行，第485至486行，第486至491行，第491至492行，第509至514行，第531至559行。共计32人次。

　　从"有"字不同写法之更替，可见写卷主书者之改换情况依次为：第27至32行（1次，后略），第42至43行，第43至46行，第55至56行，第57至58行，第58至59行，第59至66行，第80至87行，第87至91行，第91至92行，第92行，第96至99行，第99行，第102至107行，第107至108行，第112至117行，第118至122行，第140至144行，第147至151行，第159至161行，第165至169行，第169至170行，第171至173行，第173至178行，第180行，第181行（2次），第189至190行，第190至191行，第191至198行，第198至199行，第203行，第203至204行，第204行，第209至216行，第216至217行，第217至221行，第222至226行，第226至231

行，第 231 至 233 行，第 233 至 237 行，第 239 至 240 行，第 240 至 253 行，第 253 至 256 行，第 256 至 257 行，第 270 至 272 行，第 274 至 275 行，第 280 至 283 行，第 283 至 284 行，第 284 行，第 284 至 291 行，第 291 至 293 行，第 293 行，第 305 行，第 305 至 306 行，第 308 至 309 行，第 309 行，第 313 行（2 次），第 319 行，第 323 至 329 行，第 329 至 330 行，第 335 至 336 行，第 336 至 345 行，第 347 至 349 行，第 349 至 355 行，第 355 行（2 次），第 355 至 357 行，第 357 至 363 行，第 363 至 369 行，第 369 至 371 行，第 371 至 377 行，第 377 至 386 行，第 386 至 387 行，第 387 至 399 行，第 399 至 400 行，第 400 至 401 行，第 403 至 408 行，第 417 至 419 行，第 419 至 421 行，第 421 至 425 行，第 425 至 427 行，第 427 至 430 行，第 449 至 453 行，第 454 至 458 行，第 462 至 463 行，第 463 至 465 行，第 466 至 472 行，第 472 至 474 行，第 484 至 488 行，第 488 至 489 行，第 489 至 490 行，第 492 至 494 行，第 494 行，第 510 至 513 行，第 513 至 521 行，第 521 至 535 行，第 542 至 546 行，第 549 至 552 行，第 552 至 556 行，第 563 行。共计 102 人次。

仅依"有"一字之异写，即可见出 102 人次写手更迭，且数见每行更换写手的情形，甚至一行之内、数字之间亦可见多人传书的痕迹。若与写卷内其他单字互参，则写手更换频次远不止于此。

（2）以写卷片段为例

结合上述"非""有"等单字之例举，再以 P.2325 号《法句经疏》写卷第 97 至 106 行及第 313 至 314 行为例，证明写卷书写者更迭应高达数百人次。

写卷第 97 至 106 行，如图 1 所示。

第 97 行第 11 字，将"众"写作"𤇃"（𤇃）。而第 98 行第 12 字，将"众"写作"𥅆"（衆）。证明在第 97 行第 11 字与第 98 行第 12 字间更换了书写者（第 1 次）。

第 99 行第 1 字，将"有"写作"𤣩"。而第 99 行第 8 字，写作"𠃜"。证明在第 99 行第 1 字与第 8 字间再次更换了书写者（第 2 次）。

同时，第 99 行第 3 字"𠃊"（会）与第 100 行第 9 字"會"（會）也印证了此处更换写手的事实（第 3 次，或与前次同）。

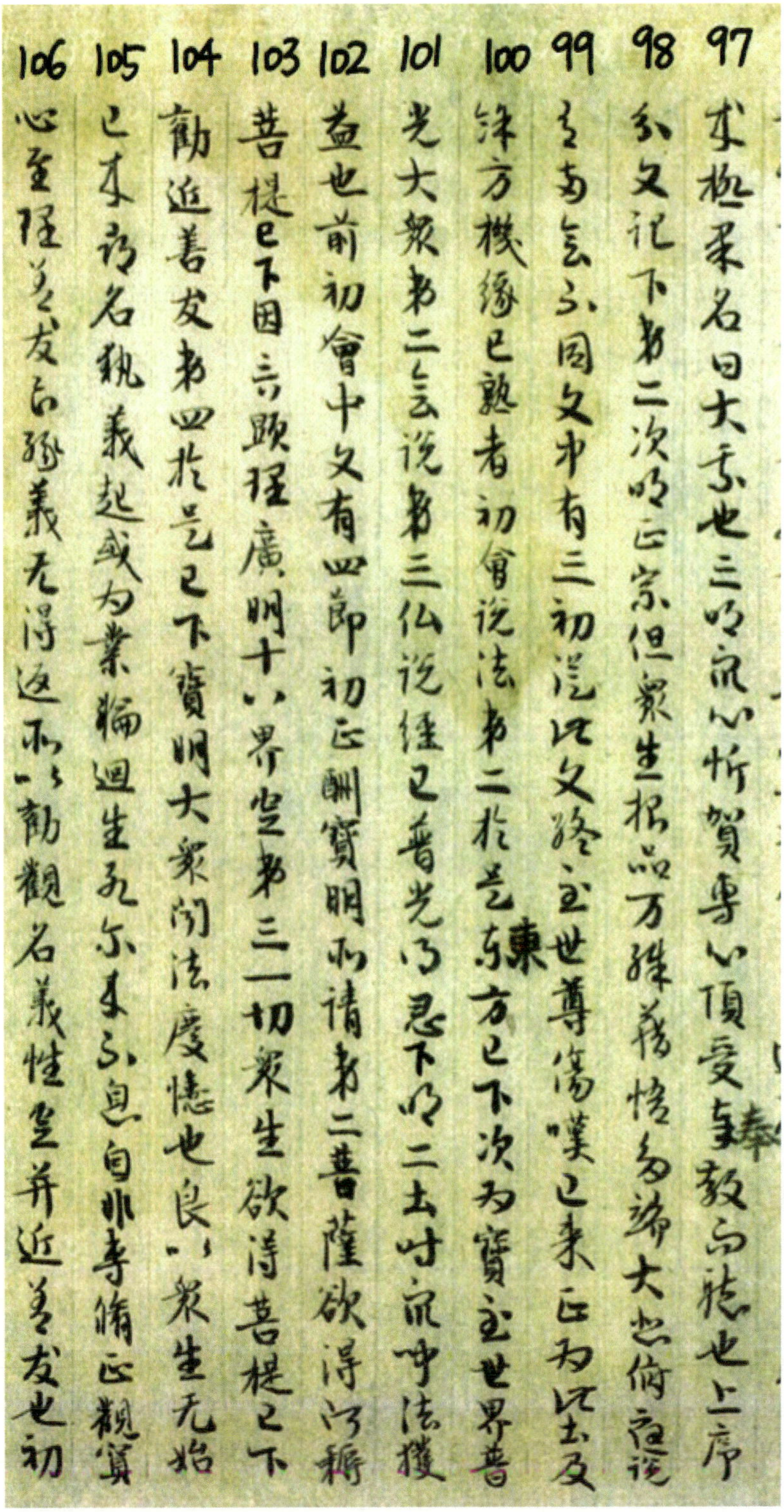

图 1 P.2325 号《法句经疏》第 97 至 106 行

第 100 行第 9 字"會"（會）与第 101 行第 6 字"会"（会）证明在第 100 行第 9 字与第 101 行第 6 字间更换了书写者（第 4 次）。

第 101 行第 6 字"会"（会）与第 102 行第 5 字"會"（會）证明在第 101 行第 6 字与第 102 行第 5 字间更换了书写者（第 5 次）。

第 101 行 第 3 字"衆"（衆）与 第 101 行 第 23 字"衆"（衆）证明在第 101 行第 3 字与第 23 字间更换了书写者（第 6 次，或与前次同）。

第 101 行 第 16 字"得"（得）与 第 102 行 第 23 字"得"（得）证明在第 101 行第 16 字与第 102 行第 23 字间更换了书写者（第 7 次，或与前次同）。

第 101 行 第 19 字"明"（明）与 第 102 行 第 15 字"明"（明）证明在第 101 行第 19 字与第 102 行第 15 字间更换了书写者（第 8 次，或与前次同）。

第 101 行 第 23 字"衆"（衆）与 第 103 行 第 19 字"衆"（衆）证明在第 101 行第 23 字与第 103 行第 19 字间更换了书写者（第 9 次）。

第 101 行 第 24 字"聞"（闻）与 第 104 行 第 15 字"闻"（聞）证明在第 101 行第 24 字与第 104 行第 15 字间更换了书写者（第 10 次，或与前次同）。

第 104 行 第 20 字"良"（良）与 第 106 行 第 6 字"良"（良）证明在第 104 行第 20 字与第 106 行第 6 字间更换了书写者（第 11 次）。

更有甚者，第 313 至 314 行，短短两行，更换了四次主书者，参与书写者至少六七人次。如图 2 所示。

写手甲，第 313 行第 6 字"有"（有）。写手乙，第 313 行第 16 字"有"（有）。写手丙，第 313 行第 23 字"有"（有）。

图 2 P.2325 号《法句经疏》第 313 至 314 行

写手丙（或丁），第 314 行第 4 字 "旡"（无）。写手戊，第 314 行第 10 字 "无"（無，古同 "无"）。旁注 "無" 来自写手己。写手庚，第 314 行第 18 字 "无"（无）。

从纸张颜色，墨迹深浅，运笔差异，笔画粗细，字体、字形、同一个字的若干写法及正文间隙的注释、笔记或改字来看，P. 2325 号《法句经疏》为多人主书、多人旁书、集体完成。即使非常保守地估算，其书写者更换频率之高，也应有数百人次之多。

与此同时，有的书写者的笔迹在写卷中数次出现，而有的书写者的笔迹仅出现一两次或极有限次数[①]。例如写卷第 25 行之 "就"（京＋尤，古同 "就"），其余所现均作 "就"（如第 79 行之 "就"）；第 29 行之 "憼"（憼，古同 "憼"），其余均作 "憼"；第 43 行之 "尒"（尒，古同 "尔"），其余均作 "尔"（古同 "尔"）；第 53 行之 "聞"（聞），其余均作草书之 "申"（第 48 行）或 "阅"（第 49 行）；第 76 行之 "袘"（袘，通 "施"），其余均作 "施"；第 79 行之 "苐"（苐，古同 "第"），其余均作 "弟"（古同 "第"）；第 81 行之 "高"（高，古同 "高"），其余均作 "高"；第 84 行之 "弘"（弘）及第 425 行之 "弘"（弘，古同 "弘"）；第 110 行之 "释"（释），其余均作草书之 "释"（如第 42 行之 "释"）；第 117 行之 "勾"（勾，古同 "句"），其余均作 "句"；第 122 行之异体字 "覌"（观），其余均作 "觀"；第 125 行之 "重"（重），其余均作草书之 "重"（如第 27 行之 "重"）；第 156 行之 "实"（实）、第 157 行之 "實"（實）及第 370 行之 "寔"（寔，古同 "實"），其余均作草书之 "實"（如第 62 行之 "实"）；第 179 行之 "闇"（闇，古同 "暗"），其余均作 "暗"；第 206 行之 "挈"（挈，古同 "契"），其余均作 "挈"（古同 "契"）；第 238 行之 "当"（當），其余均作草书之 "當"（如第 41 行之 "当"）；第 279 行之 "足"（足），其余均作 "豆"（古同 "足"）；第 289 行之 "空"（空），其余均作草书之 "空"（如第 29 行之 "空"）；第 314 行之 "无"（無），其余均作

① 因第 1 纸（第 1 至 24 行）为后补之隶书，此处仅讨论写卷主体部分（第 25 至 571 行）的书写特征。

"无"；第 341 行之"復"（復，古同"復"），其余均作"復"；第 306 行之"摽"（撺，古同"憑"）及第 381 行之"湡"（潣，古同"憑"）；第 376 行之"摽"（標），其余均作"檦"（古同"標"）；第 391 行之"今"（今），其余均作草书之"今"（如第 25 行之"乇"）；第 422 行之"嗔"（嗔），其余均作草书之"嗔"（如第 126 行之"嗔"）；第 478 行之"而"（而），其余均作草书之"而"（如第 29 行之"匂"）；第 543 行之"盡"（盡），其余均作草书之"尽"（如第 37 行之"尽"）；第 546 行之"爇"（爇），其余均作"熟"；等等。这些字的写法均为在写卷中仅现一次。又如第 69 及 72 行之"天"（第 69 行作"天"），其余均作草书之"天"（如第 26 行之"天"）；第 100 及 102 行之"會"，其余均作"会"；第 104 及 188 行之"忄+憙"（第 104 行作"憙"，古同"喜"），其余均作"喜"（如第 127 行之"喜"）；第 104 及 120 行之"良"（第 104 行作"良"），其余均作草书之"良"（如第 35 行之"良"）；第 109 及 129 行之"凡"（第 109 行作"凡"），其余均作"凡+丿"（如第 148 行之"凡"）；第 114 及 116 行之异体字"授"（第 114 行作"授"），其余均作"授"（如第 82 行之"授"）；第 115 及 119 行之"明"（第 115 行作"明"），其余均作行书之"明"（如第 27 行之"明"）或草书之"明"（如第 27 行之"明"）；第 139 及 324 行之"借"，其余均作"藉"；第 298 及 479 行之"冢"（古同"寂"），其余均作"寀"（古同"寂"）；第 394 及 395 行之"号+虒"（第 394 行作"號"，古同"號"），其余均作"号"；第 426 及 503 行之"火+忽"（第 426 行作"炮"，古同"惱"），其余均作"惚"（古同"惱"）；等等。这些字的写法则均为在写卷中仅现两次。这证明其中的一些书写者仅参与了一两行甚至若干字的书写。可见，这些书写者的关注点并不是在于能否尽快完成这份写卷，而是在于能否切实地参与书写的过程。也就是说，几乎疏文中的每一个字都成为了人们争夺的"稀缺资源"。

那么，为什么人们会竞相书写这部《法句经疏》呢？

（二）写经之功德——"如佛，若次佛"

数百人次竞相书写这部万余字经疏的唯一可能，即是将书写这部经疏视作无上功德。

（1）关于"竞相书写"

念诵佛经被佛教徒们认为功德无量。就像印度人相信念诵史诗《摩诃婆罗多》"是一件功德；即使是诚心相信学习一句，也洗净了一切罪过，毫无剩余"。"纯洁的人若每一月变日诵读这一章（第一章），我认为他就学习了全部《婆罗多》。若有人心怀诚信经常诵读这仙书，他将获得长寿、名声并升天。四部吠陀在一方，《婆罗多》在另一方，从前天神和仙人曾经聚集一起放上天平衡量；在伟大和重要上这比那都胜过；由于更大和更重，它被称为《摩诃（大）婆罗多》。"[①] 佛陀涅槃之后，伴随着佛教的几次结集，写经功德被放置在与诵经同样甚至更为重要的位置。

佛教三藏中有大量关于写经功德的叙述。很多佛典在传承的过程中也都包含了宣扬写经功德的内容。例如：

《大集经》云："菩萨有四种施具足智慧。"何等为四？一，以纸笔墨与法师令书写经；二，种种校饰庄严妙座以施法师；三，以诸所须供养之具奉上法师；四，无谄曲心赞叹法师。[②]

"纸笔施"即与写经功德相连。

又如《增一阿含经》称：

佛经微妙极甚深，能除结使如流河；

然此《增一》最在上，能净三眼除三垢。

其有专心持《增一》，便为总持如来藏；

正使今身不尽结，后生便得高才智。

若有书写经卷者，缯彩花盖持供养，

---

① ［印］毗耶婆著，金克木、赵国华、席必庄译《摩诃婆罗多（一）》，北京：中国社会科学出版社，2005年，第14—15页。

② 《法苑珠林》（T2122）卷八一，《大正新修大藏经》第53卷，第886页第1栏第25至28行。

此福无量不可计，以此法宝难遇故。①

《正法华经》称：

若读诵写经，欢喜如信乐。
其得福无量，超余福之上。②

更有甚者，《大智度论》称：

有人书写经卷与人，复有人于大众中广解其义，其福胜前；视是人如佛，若次佛。③

书写经卷者、捐赠经卷者、宣讲经卷者，几乎与佛陀本人相等。这已是对写经讲经之人的最高评价。

同样，敦煌《法句经》和《法句经疏》也论及传经功德。敦煌《法句经》称：

若闻此经名，及解一句义，
必生诸佛国，何况读诵者？
若有此经处，我恒在其中，
为护如是人，令得无上道。④

对此，P. 2325 号《法句经疏》第 543 至 544 行释称："明才闻经名，聊解一

①《增一阿含经》（T0125）卷一，《大正新修大藏经》第 2 卷，第 550 页第 3 栏第 1 至 6 行。
②《正法华经》（T0263）卷八，《大正新修大藏经》第 9 卷，第 117 页第 2 栏第 25 至 26 行。
③《大智度论》（T1509）卷五九，《大正新修大藏经》第 25 卷，第 481 页第 1 栏第 26 至 28 行。
④《法句经》（T2901）普光问如来慈偈答品第十一，《大正新修大藏经》第 85 卷，第 1435 页第 2 栏第 3 至 5 行。

句，便生净土。何况久蕴心口，如说修行也！"听闻经名，聊解一句，即可往生佛国，何况读诵者？何况持经者？更何况写录与宣说者？

诵经，为的是诵读者本人之福德。写经，则是为了包括自己在内的更多信众之福祉，无论从个人信仰的角度还是佛教的传播与发展的角度，都要更胜一筹。这便是"竞相书写"之因。

（2）关于"这部经疏"

又为什么是这部《法句经疏》呢？这部经疏正是上述"竞相书写"功德之延伸。

敦煌出土的《法句经》见于《大唐内典录·历代所出疑伪经录》[①]及《开元释教录·伪妄乱真录》[②]，实为一部中土之人借托佛言编撰之伪经。P.2325号《法句经疏》则是现存唯一的对于敦煌《法句经》的完整注疏，亦即伪经之疏，事实上与真经之佛言早已大相径庭。然而精深的真经、律、论，或许只是为高僧大德修习之用，普通信众并没有足够的判断力与觉悟。他们或许只是单纯地相信，只要是一部与佛教相关的文献，只要能够参与书写，就已经得以分享佛陀的庄严，就已足够。

如敦煌《法句经》所称：

尔时文殊师利菩萨前白佛言："世尊！此等当来在何等人手？以何恩缘得闻此经？"佛言："善男子！此经甚深，难可得闻。譬如金刚，一切凡夫不能睹见，唯除帝释。此经亦尔。声闻缘觉所不能见，唯除菩萨。譬如师子，一切禽兽无敢向者，唯除龙王。此经亦尔。声闻缘觉断绝悕望，唯除菩萨。假使有人纯以真金满四天下以用布施，不如闻此经名得福万倍。假使有人纯以七宝作诣床榻，以颇梨衣供养众生满阎浮提界于一劫，不如闻此经名得福万倍。若有善男子善女人得闻此经者，当知是人亲侍无数诸佛，殖众德本，乃能得闻。善男子！此经当来至

[①]《大唐内典录》（T2149）卷一〇，《大正新修大藏经》第55卷，第335页第3栏第23行。
[②]《开元释教录》（T2154）卷一八，《大正新修大藏经》第55卷，第677页第1栏第6行。

于八地菩萨之手。"^①

及 P. 2325 号《法句经疏》第 560 至 565 行释称：

良由此经，文势起尽，唯明深法，法性功德，究竟无尽。闻之修习，福亦无穷也。下，第二，答闻法因缘，持经功德。于中，初，明亲侍多佛，文值善根，方得闻经。随分修习，而未能证，会佛即答闻因缘。二，明七地已还，犹为空有，相间有功用。修八地已上，证会无生，不假功用，双行无间，方为究竟持经之人。故言"至八地菩萨之手"。

修行至八地之菩萨方能持经、闻经、随分修习，普通信众无缘得闻。或许他们也只有通过写录《法句经疏》来最大限度地接近佛典，也接近自己心中的信仰。由是他们将满腔信仰的热情倾注于这部伪经之疏一字一句的书写之中。

若是一人写经，经卷的力量更多来自经文本身。而众人写经，则是将信众信仰的力量悉数汇聚在经卷之上，仿佛投入功德箱的一点一滴的布施，仿佛信众集体供养僧团的百衲衣。P. 2325 号《法句经疏》这份写卷也确是由 22 纸拼接而成，且第 1 纸后补，遑论数百人次之接力书写，确实可以称之为"百衲写卷"。

数百人次的书写事实上使得书写者与经卷之间产生了某种微妙的互动。其一，并非只有信众在写经过程中获得了功德与满足，经卷本身也因凝聚了信众的信仰力而如同受到加持，并有足够的力量将写经功德分布给写经者。其二，写经的目的并非只为收藏与保存，书写即是一种表达信仰的宗教实践，而写卷本身则是一次次讲习过程中的"活"的文本。寺庙的活动兼具仪式性与重复性，这部写卷很可能正是某座寺庙在特定时间内的每日必修课程。一部无人写录和实践的经典，将会是一部多么孤独的经典，就像菩萨也需要人们的信仰和膜拜才不会寂寞。而这些虔诚的书录者们尽了自己最大的努力，在书写接力中，在一次次的讲

①《法句经》（T2901）传持品第十三，《大正新修大藏经》第 85 卷，第 1435 页第 2 栏第 15 至 27 行。

习、校勘和注释中，完成了这部万余字经疏的记录，从而留给了我们这部《法句经疏》唯一传世却并不寂寞的完整记录。

四、结论

综上所述，可以得出如下结论。

第一，P. 2325 号《法句经疏》写卷字形随意性强，非规范字频出，保留了大量敦煌遗书特色的异体字和草书字，具有如草书字与繁体正字并存，异体字与规范字并存，异体字、通假字、草书字形楷化字频出等特点。

第二，从纸张颜色，墨迹深浅，运笔差异，笔画粗细，字体、字形、同字异写，以及正文间隙的注释、笔记或改字来看，P. 2325 号《法句经疏》为多人主书、多人旁书、集体完成，其书写者之更换频率高达数百人次。其中的一些书写者仅参与了一两行甚至若干字的书写。这些书写者所关注的并非尽快完成这份写卷，而是切实参与书写过程。

这部万余字的经疏，却经由数百人次竞相书写，既因一字一句，皆为功德。将写经视作无上福德，亦是将信仰寄托于佛教文献之上。即使一部伪经之疏，亦不妨碍普通信众宗教情感的表达。

第三，从音同形异之大量异写及表音旁注可知，P. 2325 号《法句经疏》是一份以表音为核心的写卷，是对口传文献的书面记录，原不存在一个纸质的"定本"。其生成机制并非凭借"抄写"，而是以"口传笔录"的形式"听写"使然，其流传亦是依靠诵读、讲习等以口传为主的方式。

历史文献中并不缺乏"口传笔录"文献之例证。例如佛经诞生之初正是依靠口传。佛陀以言说的方式传法。佛陀涅槃后，"大迦叶贤圣众选罗汉得四十人，从阿难得四阿含。一阿含者六十四素。写经未竟，佛宗庙中，自然生四名树，一树字迦梅，一树字迦比延，一树字阿货，一树字尼拘类。比丘僧言：'吾等慈心写四阿含，自然生四神妙之树。四阿含，佛之道树也。'因相约束，受比丘僧二百五十清净明戒，比丘尼戒五百事，优婆塞戒有五，优婆夷戒有十。写经竟，诸比丘僧各行经戒，转相教化千岁。"① 阿难比丘被世尊佛陀誉为"声闻中博有所知，有勇猛精进，念不错乱，多闻第一"②。相传阿难比丘记忆力超群，能一字不落复述佛言。这里所说之"从阿难得四阿含"，即是由阿难口授，四十罗汉笔录。最初的佛经即是以这样"一对多"的"口传笔录"的方式传播。以 P.2325 号《法句经疏》为代表的敦煌文献中多人传书的"听写"方式，正是对佛经初现之时流传方式的再现。又如敦煌遗书中保留的数量众多的敦煌变文，虽为纸质书写，但事实上属于口头文学。以这样的方式看待 P.2325 号《法句经疏》等敦煌文献"口传笔录"的性质，也就不难理解。

无论写卷正文中字形多变的表音记录，还是写卷字里行间的表音旁注，楷体字释文、谐音字读若、反切注音，均是以读音为核心，均是为了便于诵读、讲习和传播。而文本形态之不稳定性，不仅是口传文献的显著特征，也勾勒出了其在流传过程中承上启下的状态——既是接受文本，又是输出文本，并非单纯的记录与保存，而是具有极强的实用性与目的性，注重诵读实践与讲习传承。这种民间口传与民间书传相结合的方式，是以 P.2325 号《法句经疏》为代表的相当数量一批敦煌文献生成与流传的重要方式。

第四，从 P.2325 号《法句经疏》及其现存唯一副本 S.6220 号《法句经疏》（残卷）之异文可见，二者是在讲习、传承过程中的"活"的文献，不具备"定本"的稳定性。这也从另一侧面证实了以 P.2325 号《法句经疏》为代表的敦煌文献"以音为本""口传笔录"的生成和传播方式。即便不存在一个"定本"，在这部"口传笔录"的写卷中，书写者们依然通过一次次的注释旁书追求一个相对完美的"定本"。在没有其他更完美抄本的情况下，这部口传文献唯一传世的完整笔录甚至已升级成为"祖本"。

第五，"口传笔录"之"百衲写卷"，使书写者与经卷之间产生了深层互动，促进了佛教文献的生成与流传。在信众通过写经获得功德与满足的同时，写卷也

---

① 《佛般泥洹经》（T0005）卷下，《大正新修大藏经》第 1 卷，第 175 页第 3 栏第 2 至 10 行。

② 《增一阿含经》（T0125）卷四九，《大正新修大藏经》第 2 卷，第 820 页第 2 栏第 28 行至第 3 栏第 1 行。

因凝聚了信众的信仰力而更加神圣。这不仅是信众布施方式的创举——从布施财物到布施经文字句，也是佛教传播与发展模式的创新——从诵经到写经再到众人写经。书写即是一种宗教实践，而写卷本身亦是"活"的文献，与僧团或信众的信仰活动紧密相连。由此也可见出 P. 2325 号《法句经疏》是一部流传过程中的文献，注重讲习传承，具有宗教的实用性与实践价值。

究竟有多少敦煌写经其实并不是"抄写"而成，而是以"口传笔录"的形式"听写"而成，又究竟有多少敦煌写经其实是由数目可观的写手接力书写而成，尚不可知，但这的确在某种程度上颠覆了我们对存于书面的古典文献生成与传播方式的认知。

扬·阿斯曼曾说："不断增多的文献……远远超出了一个时代的社会所能回忆和铭记的限度。那么这个文本就变成了一个空壳甚至坟墓，因为它已经埋葬了原来在活生生的交往中起到的作用和意义。"① 敦煌文献一度受到重视和喜爱，却沉睡千年。然而这些"被遗忘的角落"，一如以 P. 2325 号《法句经疏》为代表的敦煌写卷之中所记录的文化讯息，虽已湮没于历史烟尘，却并非全然等同于"未知"。发黄的故纸沉默无言，却以它独具文化质感的呈现，诉说着自己的完整过往，等待着可以读懂它的人。

---

① ［德］扬·阿斯曼著，金寿福、黄晓晨译《文化记忆：早期高级文化中的文字、回忆和政治身份》，北京：北京大学出版社，2015 年，第 95 页。

敦煌草书本《大乘起信论广释卷三、卷四》的书写风格及其书法史意义

◎ 段鹏

敦煌草书写经均为高僧对佛教经典的注疏、解释，多为孤本，此类草书写本中的书法均为珍贵的真迹。这些珍贵的真迹作品，再现了当时用笔、用墨的痕迹，是研究敦煌地域书风、草书书法、书法史的重要材料；从另外一个角度也反映了唐代写经形式的丰富和唐代社会书法的繁荣与发展。

一、《大乘起信论广释卷三、卷四》写本概况

《大乘起信论广释》是对佛教经典《大乘起信论》的阐释著述，为唐代河西高僧昙旷撰述，共有五卷，卷一、卷二已亡佚。现存三、四、五卷，赖敦煌文献得以保存。在现存敦煌文献中，《大乘起信论广释》主要有：S.0262、S.2367、S.2512v、S.2554v、S.2721v、S.4513、S.6886，P.2412v，北敦 7252、北敦 7253 共十个写卷。

二、《大乘起信论广释卷三、卷四》写本的主要书写特征

《大乘起信论广释卷三、卷四》草书通篇，用笔凝重，古意盎然，字不相连，然气韵贯通，秀丽端稳，清新疏朗。法度严谨，古朴之中见灵动，厚重之中见飘逸。深得智永《真草千字

文》笔意，呈现出率性、流畅、法度严谨的总体特征。写本中用朱笔标注的句读、段落区分、订正之符号，增添了写本的艺术美感。敦煌草书《大乘起信论广释卷三、卷四》，具有如下一些显著特征：

第一，写卷通篇率性流畅，体现了"草贵流而畅，章务检而便"①的书写特征。这一类的写卷极有可能是僧人在听讲经过程中的"随听随写"。如：S.6604《四分律戒本疏》卷一题记："亥年十月廿三日起首，于报国寺李教授阇梨说此疏，随听随记，十月二日。"②P.2079《净名经关中释抄卷上》题记："壬辰年（872）正月一日，河西管内都僧政京城进论朝天赐紫大德曹和尚就开元寺为城隍禳灾。僧讲《维摩经》，当寺弟子僧智惠并随听写此上批，至二月廿三日写讫。"③从题记中可知，"随听写"是当时敦煌僧人须具备的一种能力，即快速书写的能力。在中国传统的书体中，草书除具有较高的艺术性外，还有"用以赴急"的实用价值，梁庾肩吾《书品》云："草势起于汉时，解散隶法，用以赴急。本因草创之义，故日'草书'。"④

第二，书写率性而不失法度。唐代草书家，一派以孙过庭、贺知章为首，继承"二王"的行草书风。S.2367 写卷很明显继承了"二王"书风，写卷通篇气韵生动率性，又遵循严谨的法度，融法于无形。唐孙过庭《书谱》云："若毫厘不察，则胡、越殊风者焉。"⑤在写卷中，"缘"与"余"、"即"与"断"等写法极易混淆。写本中的修改符号，有一些即是对这类写法混淆的修正。

第三，书体近似章草，有浑熟洒脱之妙。通卷章草体占多数，使转极妙，有晋人尺牍之风。草书有隶意而字不相连者谓"章草"，不带隶意而字不相连者

---

① ［唐］孙过庭著，陈硕评注《书谱 续书谱》，杭州：浙江人民出版社，2012 年版，第 31 页。

② 黄永武主编《敦煌宝藏》第 49 册，台北：新文丰出版公司，1981 年，第 247 页。

③ 上海古籍出版社、法国国家图书馆编《法藏敦煌西域文献》第 4 册，上海：上海古籍出版社，2002 年，第 262 页。

④ ［梁］庾肩吾《书品》，上海书画出版社、华东师范大学古籍整理研究室选编校点，《历代书法论文选》，上海：上海书画出版社，2014 年版，第 86 页。

⑤ ［唐］孙过庭著，陈硕评注《书谱 续书谱》，杭州：浙江人民出版社，2012 年版，第 27 页。

谓"今草"。① 章草的特征，除了不失隶法，二字之间绝不相连，因此又称"独草"。②"自唐以前，多是独草，不过两字属连。"③《大乘起信论广释》各卷的书写，以单字为主，有"众生"等一些两字连写的情况。有典型的章草独字的特征，但已经无隶意，又具有唐人"今草"上下承接、连绵一气的特色。可见，该写卷融合章草与今草的写法，具有典型的敦煌地域书风。其艺术特征介于章草与今草之间，体现出"通篇气势连贯，行笔流畅，有的字还具有章草的特点，有的地方也露出魏体用笔的特征"④。

第四，该写卷中有"俗字""合文"书写出现，以及朱笔标注。写卷中敦煌俗字合文⑤的写法，以"菩萨""涅槃"最为典型。写卷中使用"省代号"和"重文号"，增添了文字书写的灵动性。卷三写本两段之间空一至二格，每段首字"论"字右上侧均以朱笔"⌐"形标识，表示另起一段，"释"字上方有"△"形标识。这些朱笔批注，不仅具有实用性，还增添了写卷的艺术美感。

三、《大乘起信论广释卷三、卷四》写本的书法史意义

真迹于书法研究具有重要意义。中村不折先生曾做过精辟的阐述："真迹，其当时用笔的痕迹仍历历在目，生机勃勃，它的价值是十分值得尊重的。对于书法，研究真迹的确是最好最理想的方法。然而，古墨迹来之不易。"⑥敦煌藏经洞出土的敦煌文献，据目前所知，从后凉麟嘉五年（393）王相高写《维摩诘经》到宋咸平五年（1002）敦煌王曹宗寿编造帙子题记，前后跨越4至11世纪，从十六

---

① 朱仁夫《中国古代书法史》，北京：北京大学出版社，1997年，第288页。

② 叶喆民《中国书法史论》，石家庄：河北美术出版社，2013年，第45页。

③［唐］孙过庭著，陈硕评注《书谱　续书谱》，杭州：浙江人民出版社，2012年，第118页。

④ 赵声良《隋代敦煌写本的书法艺术》，《敦煌研究》1995年第4期，第135页。

⑤ 合文，指把两个字或几个字合写在一起，代表语言的两个或两个以上音节的复音字，文字学家称之为合文。参见张涌泉《敦煌写本文献学》，兰州：甘肃教育出版社，2011年，第198—199页。

⑥［日］中村不折著，李德范译《禹域出土墨宝书法源流考》，北京：中华书局，2003年，第1页。

国时期至宋初六百多年。[①] 在敦煌文献中，佛教经典一般以楷书书写，这一类书法被誉为"写经体"，受到了广泛关注。而草书书写的佛教注疏类文献，却长期未能得到应有的关注。这些珍贵的写本，不仅具有历史文献价值，作为古代书写者的真迹，写本呈现了用笔、用墨、章法布局、书体演变这些重要信息。因此，进一步关注敦煌草书写本，对我们了解古代书法演变的历史、敦煌地域书风的形态大有裨益。

"求草之古法，敦煌遗书乃巨大宝库也。"[②] 敦煌文献中的写经草书，均以经典书法作为模本，有着明显的师承渊源。在中国书法史上，张芝被誉为"草圣"，王羲之有着"书圣"的地位。有唐一代书法，是在浓厚的崇"王"思想下发展的，李世民以帝王之尊，亲为《晋书·王羲之传》作赞辞，备极推崇，其影响中国书法之甚，未有过此者，由是，右军书遂成中国书法正宗。[③] 唐代孙过庭《书谱》云："夫自古之善书者，汉魏有钟、张之绝，晋末称二王之妙。王羲之云：'顷寻诸名书，钟张信为绝伦，其余不足观。'可谓钟张云没，而羲献继之。"[④] 孙过庭在《书谱》开篇即梳理了历代书法大家，呈现了唐代书法传承的脉络。敦煌文献中智永《真草千字文》、王羲之《十七帖》《兰亭序》临本的发现，表明当时敦煌地区的草书主要师法王羲之及智永《真草千字文》，可见时人对"二王"一系书风的崇奉。《大乘起信论广释》草书写本受智永《真草千字文》的书风影响最为明显。智永为王羲之的七世孙，他的书法造诣极高，精于草书与楷书，书法深得王羲之意趣，故唐人习智永书法一时成为时尚，后世释门书法多从智永出，其衣钵相传，沿袭而称之为"铁门限家法"。[⑤]《真草千字文》为智永传世代表作，在中国书法史上有着重要影响。宋米芾《海岳名言》评曰："智永临集千文，秀润圆劲，八面

① 郝春文《敦煌遗书》，桂林：漓江出版社，2016 年，第 4—5 页。

② 苏士澍主编，中国古代书画鉴定组编《中国法书全集（第 5 卷）隋唐五代卷》，北京：文物出版社，2009 年，第 3 页。

③ 姜澄清《中国书法思想史》，郑州：河南美术出版社，1994 年，第 141 页。

④ ［唐］孙过庭著，陈硕评注《书谱、续书谱》，杭州：浙江人民出版社，2012 年，第 1 页。

⑤ 朱关田《中国书法史·隋唐五代卷》，南京：江苏教育出版社，2009 年，第 14 页。

具备。"① 据载，智永曾书《真草千字文》八百本，散布江东诸寺，一时间流布甚广，成为寺院僧人和民间写经生临习的范本。敦煌文献 P.3561 号，蒋善进临本《真草千字文》题记云："贞观十五年（641）七月临出此本，蒋善进记。"② 正文共34 行，170 字。从运笔、结体等方面来看，字体端庄规范、纯熟流畅、圆劲秀润、功力深厚，牵丝连带平稳自然，气韵酷似智永《真草千字文》之原貌，为初唐精品。③ 敦煌保存的唐代草书写本，既有唐代书法的总体特征，亦具有区域性的特点，这是敦煌草书的书法史意义之所在。

总之，《大乘起信论广释》作为珍贵的唐五代时期写本，一方面证实了唐译本《大乘起信论》的出现年代；另一方面呈现出唐代讲经制度的一个侧面，也反映了唐代写经形式的丰富。敦煌唐代草书写经继承了南北朝写经古朴的艺术风格，折射出这一时期敦煌书法演变的地域书风特点。因此，对于唐代敦煌草书的研究，应以历史文献和古籍整理为主，综合运用文字学、宗教学、历史学、书法学等研究方法。对敦煌草书文献进行深入、系统的研究，这是一项长期而有意义的工作，对于其进一步的研究有待来者。

---

① ［宋］米芾《海岳名言》，上海书画出版社、华东师范大学古籍整理研究室选编校点，《历代书法论文选》，上海：上海书画出版社，2014 年，第 362 页。

② 上海古籍出版社、法国国家图书馆编《法藏敦煌西域文献》第 25 册，上海：上海古籍出版社，2002 年，第 319 页。

③ 马国俊主编《敦煌书法艺术研究》，北京：文物出版社，2017 年，第 232 页。

敦煌草书写本《百法论疏抄上卷》内容浅述

◎ 马高强

一、写本信息

P.2258 写本《百法论疏抄上卷》，现藏于法国国家图书馆。国际敦煌学项目网站介绍此卷："纸本墨书，百法纂要，佛经，华文。纸薄而脆，浅棕色。正面的文字映在背面。有潮气和湿气的污渍、凹痕，有孔。27.3 厘米至 28.6 厘米宽，1978.1 厘米长。"

写本内容起于"百法□□□□□□"，结尾题记有"百法论疏抄上卷"。共保存 1534 行。每行 19 字至 37 字不等。

《敦煌宝藏》将其定名为"百法纂要（百法论疏抄上卷）"[①]；《敦煌遗书总目索引新编》将其定名为"百法纂要　尾题百法论疏抄□□（草书）"[②]。

二、写本内容

经仔细辨识和查证，P.2258 的内容总共分为两部分：

[①] 黄永武主编《敦煌宝藏》第 118 册，台北：新文丰出版公司，1983 年。

[②] 敦煌研究院编《敦煌遗书总目索引新编》，北京：中华书局，2000 年。

第一部分：第 1 行至第 78 行，是对唐代"大乘光"——普光撰写的《大乘百法明门论疏》卷一部分内容的疏释。

第二部分：第 78 行至第 1533 行，是对圆测撰写的《解深密经疏》部分内容的疏释。

（一）对大乘光《大乘百法明门论疏》第卷一的疏释

《百法论》全称《大乘百法明门论》，又称《大乘百法明门论本事分中略录名数》。该书共一卷，天亲菩萨造，大唐三藏法师玄奘奉诏翻译。作者天亲菩萨，公元 5 世纪初生于北印度犍陀罗国之富娄沙富罗城，早年于说一切有部出家，得阿罗汉果，后随其兄无著菩萨改信大乘佛教，撰写大量论著，解释大乘经，后人称其为"千部论主"（小乘五百部、大乘五百部）。玄奘（602—664），洛州缑氏（今河南洛阳偃师区）人，唐代著名高僧，被尊称为"三藏法师"，后世俗称"唐僧"，与真谛、鸠摩罗什并称为中国佛教三大翻译家。为了理清当时中国佛教各派学说的分歧，他于贞观元年（627）西行去印度求取真法，历经千辛万苦到达印度。前后 17 年，遍学当时大小乘各种学说，一共带回经论 675 部。玄奘和他的弟子们共翻译出 75 部（1350 卷）。《旧唐书·列传第一百四十一》为玄奘大师列传，传扬后世。

《大乘百法明门论》全文 687 字，开篇"如世尊言：一切法无我"，点明本论的核心论点即"一切法无我"。论点有二：何等一切法？云何为无我？下文详细论述"一切法者，略有五种""言无我者，略有二种：一补特伽罗无我，二法无我"两个论点。详细解说"一切法者，略有五种"的"五位百法"内容，展现心法八种、心所有法五十一种、心不相应行法二十四种、无为法六种共百法的内容，但仅仅是列名，没有对各个法内容间的关系展开论述。结尾"二法无我"的归纳总结，意在说明前所列举的"五位百法"中，"一一推求，皆无二种我相，总无实法，无实法故，名法无我也"。能于"五位百法"通达"二法无我"的真理，是为证入"无我"的门径，阐扬大乘佛教空宗的世界本质为"无"的思想。"五位百法"可以用以下简表简单明了地展示出来：

五位百法 — 有为法
- 1.心法：眼识、耳识、鼻识、舌识、身识、意识、末那识、阿赖耶识
- 2.心所有法
  - （1）遍行：作意、触、受、想、思
  - （2）别境：欲、胜解、念、定、慧
  - （3）善：信、精进、惭、愧、无贪、无嗔、无痴、轻安、不放逸、行舍、不害
  - （4）烦恼：贪、嗔、慢、无明、疑、不正见
  - （5）随烦恼：忿、恨、恼、覆、诳、谄、骄、害、嫉、悭、无惭、无愧、不信、懈怠、放逸、惛沉、掉举、失念、不正知、散乱
  - （6）不定：睡眠、恶作（悔）、寻、伺
- 3.色法：眼、耳、鼻、舌、身、色、声、香、味、触、法处所摄色
- 4.心不相应行法：得、命根、众同分、异生性、无想定、灭尽定、无想报、名身、句身、文身、生、老、住、无常、流转、定异、相应、势速、次第、方、时、数、和合性、不和合性
- 5.无为法：虚空无为、择灭无为、非择灭无为、不动灭无为、想受灭无为、真如无为

　　《大乘百法明门论》翻译出来以后，由于该论过于言简意赅，其所蕴含的深意令人无法快速理解，更是令僧人们无从实修，所以有很多人对《大乘百法明门论》作注疏，其中有玄奘法师的弟子窥基、普光，另外还有义忠、道氤、虚受等人。流传至今的"疏"有：义忠《大乘百法明门论疏》（二卷），大乘光《大乘百法明门论疏》（二卷），其他的散佚不存，是对《大乘百法明门论》全文 687 字内容详细的解释。义忠本《大乘百法明门论疏》全书共二卷，开篇有西京大慈恩寺沙门窥基所作的序言；正文分两大部分：一是解释"大乘百法明门论"这一论题的内涵，二是解释《大乘百法明门论》一书文本的内容。大慈恩寺沙门大乘光撰写的《大乘百法明门论疏》也是二卷，共分三部分：第一是明确解释造《大乘百法明门论》的旨意，第二是解释《大乘百法明门论》这一题目的意思，第三是对《大乘百法明门论》正文内容逐段详细解释。鉴于两种疏随文解释部分文字繁多，此处就不一一详细展开。

　　汤用彤先生在其《隋唐佛教史稿》中说："其疏之注释常曰疏抄。"[①] 意思是对经论的"疏"再作的注释，就叫"疏抄"。"百法论疏抄"意思就是对"百法论疏"的再注释。P.2258《百法论疏抄上卷》首尾没有题写该写本的作者名字，仅仅在

---

① 汤用彤《隋唐佛教史稿》，北京：中华书局，2016 年，第 79 页。

卷尾题写"百法论疏抄上卷"七个字。第 1 行首题"百法"二字清晰可见，以下字迹由于纸张残缺而不知内容。从第 2 行至第 10 行，即对"三界、五趣"的概念进行了引经据典的解释。从第 11 行至第 15 行，以问答的形式，提出"五趣四生如何相摄""三界中欲界可知不""无色依何而住"三个问题并依次作答。第 16 行至第 38 行对"漂者喻、溺者喻、循环者、纷纠、百法有体、人法二空、说药、悟病成药、非空非有、百非者、四句、因诠显旨等者、无说相而说听者亦无听相而听"进行了解释。尤其是对"四句"，从小乘和大乘两个方面展开了详尽繁复的解释。引用玄奘翻译的《成唯识论》卷一内容如下：

　　然诸外道品类虽多，所执有法不过四种。一、执有法与有等性其体定一，如数论等。彼执非理。所以者何？勿一切法即有性故。皆如有性，体无差别，便违三德我等体异，亦违世间诸法差别。又若色等即色等性，色等应无青黄等异。二、执有法与有等性其体定异，如胜论等。彼执非理。所以者何？勿一切法非有性故。如已灭无，体不可得，便违实等自体非无，亦违世间现见有物。又若色等非色等性，应如声等非眼等境。三、执有法与有等性亦一亦异，如无惭等。彼执非理。所以者何？一异同前一异过故。二相相违体应别故，一异体同俱不成故。勿一切法皆同一体，或应一异是假非实，而执为实，理定不成。四、执有法与有等性非一非异，如邪命等。彼执非理。所以者何？非一异执同异一故。

　　对小乘"所执有法"从四个方面定性小乘"四句"是"表诠"，大乘"四句"是"遮诠"。经查证，P. 2258 写本是对慈恩寺沙门大乘光撰写的《大乘百法明门论疏》第卷一"第一明造论意"部分内容的解释。现引 P. 2258 写本内容如下：

　　第一明造论意者，寻夫三界有情，五趣漂溺，循环不息，轮回无替者，莫不以断常空有纷纠于怀，所以菩萨降生垂范利物，为除空有两执，故开空有二门，前明百法有体，为遣执空，后明人法二空，为除有见。所以有体，世谛非无，所以言空，真谛何有？随病说药，病息药亡，执药成病，悟病成药，非空非有，即有即空，既绝百非，又亡四句。然因诠显旨，故假论以明，既不说而说，亦听无所听，论之兴也，其在兹乎！此即第一明造论意。

P.2258 写本从第 43 行"释题目中言本事分中略录名数等者"开始，直到第 78 行"那由他沟也"435 个字，是对大乘光《大乘百法明门论疏》"第二释题目"一段 213 字中的"瑜伽论、五分、十七地、十支、遮诠、小乘"等内容的旁征博引式的再解释；在对题目中的"大乘、百"内容的解释上，"释题目中言本事分中略录名数等者"，普光认为是"言《大乘百法明门论》本事分中略录名数"，而 P.2258 写本抄写者认为此"本事分"是《瑜伽师地论》的"本事分"，非是"《大乘百法明门论》本事分"，并列举了"瑜伽论宗有五分"的详细内容：一本地分，二摄决释分，三摄释分，四摄异门分，五摄事分。这就对《大乘百法明门论》内容来源产生了两种截然不同的说法：一是玄奘法师所译《大乘百法明门论》是从《大乘百法明门论·本事分》中略录名数；二是玄奘法师所译《大乘百法明门论》是从《瑜伽师地论·本事分》中略录名数。从《大乘百法明门论》被玄奘大师翻译出来至今，质疑之声至今未断绝，因为《瑜伽师地论》中没有"本事分"。窥基大师在对《大乘百法明门论》来源解释时所使用的"本地分""本事分"也不统一：一是他自己所撰写的《大乘百法明门论注》卷第一"大乘百法明门论本地分中略录名数"是"大乘百法明门论本地分中略录名数"；二是他为义忠撰写《大乘百法论疏》所写的序言中，是"大乘百法明门论本事分中略录名数"。现引《大正藏》窥基为义忠本《大乘百法论疏》所书写的《序言》如下：

首称《大乘百法明门论》者，总宏纲之极唱，莅一部之通名。复云本事分中，略录名数者，纂义类之鸿猷，简一分之别目。大，用遮诠立号。乘，以运载得名。百法，以体用双陈。明门，以能所兼举。循环研核，究畅真宗，磨恒理迦，目之为论。本事分者，即《瑜伽》本事分也。良似彼论，文广义丰，寻波讨源，辄难晓悟，乃甄集宗要，成斯雅论。广文委嘱他部，略论抑不繁词，故云略录表诠呼召，称之曰名。有所度量，号之为数。故云大乘百法明门论本事分中略录名数。

其中的"本事分者，即《瑜伽》本事分也"与 P.2258 写本的普光疏对此题目所提出的"百法明门论本事分中也"，形成了完全相反的观点。玄奘法师翻译的所有典籍中，仅将《大乘百法明门论》的作者标明是"天亲"，其他都标明是"世亲"。玄奘法师在其《大唐西域记》卷五中记载："大城中有故伽蓝，是伐苏畔度菩萨（唐言世亲，旧日婆薮盘豆，译日天亲，讹谬也）。数十年中于此制作大小乘诸异论。其侧故基，是世亲菩萨为诸国王、四方俊彦、沙门、婆罗门等讲义说法堂也。"可见玄奘法师把"世亲"和"天亲"分得很清楚。至于窥基大师一开始将二者分得很清楚并列提及，到后来与其门徒将"天亲"和"世亲"混同为一，并将《大乘百法明门论·本事分》与《瑜伽师地论·本地分》硬是扯在一起，有为其法相宗的"判宗立教"寻找支撑的深层原因。

P.2258 写本在此部分疏抄中，还有一重要的内容，即"十支"。作者认为《瑜伽师地论》第五摄事分"略摄三藏众要事义，此即瑜伽本地分中明此百法名数，今略录之以示方隅也。即十支中之一支也"。下文随即列举了十支的具体名目：

51　一略陈名数支，即百法论是。二粗释体义支，五蕴论是。

52　三总包众义支，即显扬论是。以上三论世亲造。四总摄大义支，摄大乘论无著□

53　无性菩萨及世亲各造释十卷。五分别名数支，集论是。无着造本觉师子

54　释安惠操。六离僻彰中支，弁中边论颂是，慈氏释，即天亲。

55　七摧破邪山支，廿唯识是，世视造。八高建法幢支，卅唯识颂世亲释，即护

56　法等。九庄严体义支，大庄严论颂，即慈氏释即世。十摄散归观支，

57　分别瑜伽论，慈氏造。此十名目，淄州昭法师制也。

唐代义忠撰写的《大乘百法明门论疏》卷一中有："此百法论是瑜伽五分中本事分内百法名数，今略录之以示方隅，即瑜伽十支中略陈名数支也。"仅仅提到了"十支中略陈名数支"，其余九支没有列名。唐代道诚撰写的《释迦如

来成道记注》卷二有"十支"的具体名目，一支到十支顺序及内容，与P.2258写本"十支"基本一致，唯有"三总色众义支"与P.2258写本"三总包众义支"差一字。与唐代灵泰撰写的《成唯识论疏抄》卷一"问百法论，即名略陈名数支，乃至已后九支，皆唯此问。又问总包众义支，与总摄大义支"，唐代栖复《法华经玄赞要集》卷五"三总包众义支（显扬论无著造）"，以及唐代昙旷《大乘百法明门论开宗义记》卷一"四总包众义支"等内容对比来看，唐代道诚撰写的《释迦如来成道记注》卷二"三总色众义支"中的"色"字因为字形与"包"字字形极为相似，推断很大程度上是由于传抄错误所致，正确的应该是"三总包众义支"。唐代栖复《法华经玄赞要集》卷五"瑜伽论十支"的具体内容如下：

一略陈名数支（百法论）。二粗释体义支（五蕴论是天亲造）。三总包众义支（显扬论无着造）。四广包大义支（摄大乘论无着本世亲无性释）。五广陈体义支。亦名分别名数支（杂集论无着本觉师子安慧二人释）。六离僻彰中支（辩中边论弥勒本天亲释）。七摧破邪山支（二十唯识论之）。八高建法幢支（二十唯识论天亲本护法菩萨等释）。九庄严体义支（庄严论弥勒本天亲释）。十摄散归见支（分别瑜伽论护弥勒造）。

栖复大师的"十支"内容及顺序与P.2258写本基本一致，唯有"四广包大义支""十摄散归见支"名称与P.2258写本"四总摄大义支""十摄散归观支"不一致。"广包"与"总摄"此处意思大体相同；"归见"与"归观"名称不同，但其"见"和"观"此处意思大体相同。

唐代敦煌高僧昙旷所著的《大乘百法明门论开宗义记》卷一"瑜伽论十支"的具体内容如下：

一略陈名数支，即此论是。二粗释体义支，即五蕴论。三广辩名义支，即杂集论。四总包众义支，即显扬论。五庄严体义支，即庄严论。六绾摄大义支，摄大乘论。七离僻处中支，辩中边论。八摄散归观支，分别瑜伽论。九摧破邪山支，二十唯识论。十高建法幢支，成唯识论。

昙旷大师的"十支"内容便与 P. 2258 写本"十支"内容从顺序及内容上，就有很大的不同了。其"三广辩名义支，即杂集论"与 P. 2258 写本"五分别名数支，集论是"对应；"四总包众义支"与 P. 2258 写本"三总包众义支"对应；"五庄严体义支"与 P. 2258 写本"九庄严体义支"对应；"六绾摄大义支"与 P. 2258 写本"四总摄大义支"对应；"七离僻处中支"与 P. 2258 写本"六离僻彰中支"对应；"八摄散归观支"与 P. 2258 写本"十摄散归观支"对应；"九摧破邪山支"与 P. 2258 写本"七摧破邪山支"对应；"十高建法幢支"与 P. 2258 写本"八高建法幢支"对应。以上列举"十支"名称虽有与 P. 2258 写本名称及顺序不同的地方，但内容完全一致。此部分最重要的核心落在"此十名目，淄州昭法师制也"这一句上。P. 2258 写本作者为我们提供了"十支"的名目是"淄州昭法师制"这一重要信息。《宋高僧传》卷四有《唐淄州慧沼传（大愿，尘外）》一文，说慧沼大师："自奘三藏到京，恒窥壶奥。后亲大乘基师，更加精博。"其从玄奘大师取经回来跟随翻译经书，直到翻译结束，一直在玄奘大师身边担任笔受。他是窥见玄奘大师所翻译典籍中的奥妙的。后来亲近窥基大师，学识和修行就更加渊博精进了，因其声名远播而"号淄州沼也"。参照 P. 2258 写本及其他高僧大德的著作，完全可以将唐代宝达撰写的《金刚映卷上》卷一"十支"中错误的名称纠正。现列举敦煌藏经洞出土唐代宝达撰写的《金刚映卷上》（《大正藏》第 85 卷 No.2734）卷一"十支"内容如下：

一略录名数支。即百法论是。二粗释体支。五蕴论是。三总句众义支。即显扬论是（上三论世亲造）。四总摄大义支。摄大乘论是（无着造。无性菩萨及世亲各造释十卷）。五分别名数支。集论是。慈氏释。六离僻彰中支。辨中边论是慈氏释。七指破耶山支。二十唯识。世亲是。八高建法幢支。三十唯识是。世亲护法等。七庄严体义支。大庄严论。慈氏造。十摄数归睹支。分别瑜伽论是。慈氏造（此云十支淄州沼法师造）。

《金刚映卷上》（《大正藏》第 85 卷 No.2734）"二粗释体支"应该为"二粗释体义支"；"三总句众义支"应该为"三总包众义支"；"七指破耶山支"应该为"七摧破邪山支"；"七庄严体义支"应该为"九庄严体义支"。足可见日本学者在 20 世纪 20 年代编修《大正藏》第 85 卷的时候，在辨识敦煌草书写本文字方面，仍然显示出其没有达到"精校"和尽善尽美的效果。

（二）对圆测《解深密经疏》的注释

《解深密经》由大唐三藏法师玄奘奉诏译，全书共五卷，内容为：序品、胜义谛相品、心意识相品、一切法相品、无自性相品、分别瑜伽品、地波罗蜜多品、如来成所作事品，共八品。从框架结构上全书可分为序品和正宗分（其余七品）两部分。玄奘大师翻译此经后，以窥基大师为代表的法相宗依《解深密经·无自性相品》判释迦一代教法为有、空、中道三时教，成为法相宗很重要的一部经。《解深密经》注疏主要有：圆测《解深密经疏》十卷，现存前九卷；另外有令因《解深密经疏》十一卷、玄范《解深密经疏》十卷，此二人疏皆失传，没有保存下来。

P. 2258 写本从第 78 行至第 1533 行共分为三部分。

第一部分：从第 78 行"三弁宗体中体者"至第 752 行"涂我法二执故"，是对唐代西明寺沙门圆测撰写的《解深密经疏》第二部分"辨经宗体"内容的再解释。圆测撰写的《解深密经疏》共分为四个部分：一教兴题目，二辨经宗体，三显所依为，四依文正释。由于写本第 1 行至第 78 行是对《百法论疏抄上卷》内容的注释，故没有疏释《解深密经疏》卷第一的"一教兴题目"部分的内容。P. 2258 写本对《解深密经疏》直接从第二部分"辨经宗体"内容开始解释。现将 P. 2258 写本抄写第 78 行至第 1533 行具体内容叙述如下。

第一，第 78 行"三弁宗体中体者，谓能诠教体"至第 104 行"将经像至慈恩寺云云"为对《解深密经疏》卷第一"言宗体者"一段"一摄妄归真门"中的"诠教体、大唐三藏"内容的解释。经过仔细核对，P. 2258 写本从第 81 行至第 104 行的内容，与唐代靖迈撰写的《古今译经图纪》卷四内容完全相同，抄写的是关于玄奘法师生平传记的内容。

第二，从第 104 行"二摄相归识中唯识为体者"至第 119 行"鬼傍生等"634

字，是对《解深密经疏》卷第一"二摄相归识门"一段181字部分内容的再解释。该部分文字全部引自窥基撰写的《大乘法苑义林章》卷一，前半部分"唯识为体"引《楞伽经》《解深密经》、内识、外相、见相二分等解释其内容。后半部分以《大乘法苑义林章》来核准总结一切"唯识"总共五种：一境唯识、二教唯识、三理唯识、四行唯识、五果唯识。其中对五种内容的解释，要比《大乘法苑义林章》稍显简略。

第三，第119行"三以假从实门"至第136行"如呼奴为曹主"635字，是对《解深密经疏》卷第一"弁经宗体"中"三以假从实门"一段，共168字的再解释。其中为了说明"句者表彰意"，引用了《文赋》的内容。云："日月星辰，天之文也。江河岳渎，地之文也。诗书礼乐，人之文也。"遍查西晋陆机撰写的《文赋》全文，没有这三句话。倒是《全唐文》卷四百三十二中收录有张怀瓘的《文字论》，其中有"日月星辰，天之文也。五岳四渎，地之文也。城阙翰仪，人之文也"这么三句话，虽然与P.2258写本仍有部分文字不同，但大意相同。还有一种可能的情况就是P.2258写本作者所引用的《文赋》三句话，的确与《全唐文》中的这三句话完全不能重合。故很大程度上还存在一种情况，即除了西晋陆机的《文赋》一文之外，有另外时间、另外作者所撰写的《文赋》，但其内容与西晋陆机所写的《文赋》完全不同。

第四，第136行"四三法定体门者"至第138行"假实二声为体"64字，是对《解深密经疏》卷第一"弁经宗体"中的"四三法定体门"一段，共154字的简略解释。鉴于"蕴处界"三科为大乘小乘皆承认的分类法，属最基础的佛学知识，故作者不再对原疏的内容展开解释。

第五，第138行"五法数出体门"至第181行"不能广述"，是对《解深密经疏》卷第一第二部分"弁经宗体"中"第五法数出体门"的"第一法数出体"部分内容，共2124字的再解释。P.2258写本依据大唐三藏法师玄奘"开为八门"，而《解深密经疏》则"四门分别"，但在行文中仍然遵循圆测《解深密经疏》"四门分别"来进行解释，对萨婆多宗"七十五法"的具体内容进行了解释。教体方面，P.2258写本据先德而说有三解，《解深密经疏》却是有两解，此为不同。"十二部经以何为性？"P.2258照抄《解深密经疏》的内容，《解深密经疏》还有广说部分，但 P. 2258 写本省略了对广说部分内容的解释。对《解深密经疏》中提及的"经部"内容，P. 2258 写本"今依大乘总有百法相者"来概括其解释站位，而对《解深密经疏》中详细提及的"龙猛、十住毗婆沙、七百六十一法、七百不相应法"等内容弃而不谈。后对"调服、名句文身、文、义"内容引《瑜伽师地论》再解释。

第六，第 181 行"第二本影有无"至第 328 行"但死灭无不言众死"，是对《解深密经疏》卷第一"第五法数出体门"中的"第二本影有无"部分内容，共3116 字的再解释。关于"本影有无"，《解深密经疏》原文说："其有二义：一本影有无，二说法差别。"以"四句"来概括诸宗"一有本无影、二有影无本、三本影俱有、四本影俱无"。但 P. 2258 写本卷一和卷二的名称与《解深密经疏》不同："一唯本无影、二唯影无本。"可是在后面的解释抄写中，又与《解深密经疏》的名称完全一致了，且对"萨婆多宗、大众部、多闻部"内容进行了解释。P. 2258 写本对"三身"的解释过于繁复详细，从其含义开始解释，广泛征引《成唯识论》《金光明经》《庄严论》《佛地论》《天亲论》《解深密经》《瑜伽师地论》解释"三身"的内容，拓展解释"佛有三德""四身"及"华严经明十种佛"。

第七，第 328 行"杂心论中释经有五义"至第 496 行"所依有多种"，是对《解深密经疏》卷第一第二部分"辨经宗体"中"五法数出体门"的第三点"聚集显现历心差别"的解释。P. 2258 写本没有标明"聚集显现历心差别"的名称，而是直接对《解深密经疏》"四辨音一异门"原文中的"经、八时、八转声"进行了解释。"十二部经"原文仅仅 54 个字，以"契经、余十一部经"简说，P. 2258 写本反倒是对十二部经的十二个内容，用了 2644 字，详详细细地展开了解释。将"五心"内容分为四部分：一别名弁相，二诸识有无，第三刹那多少，四三性所收，对其进行了解释，与《大乘法苑义林章》《五心义略记》《成唯识论本文抄》的"十二门分别"截然不同，但解释抄写的文字基本上全部与《大乘法苑义林章·五心章》相同。

第八，第 497 行"六句义者"至第 574 行"非空非有是为中道"，是对圆测撰写的《解深密经疏》卷第一第二部分"辨经宗体"中的第五部分"五法数出体门"第四点"辨音一异门"部分内容的解释。对"如来说法为一音不"的理解不同，依据《异部宗轮论》二十部分成两种解释：一是大众部、一说部等的"诸如来语，皆转法轮"；二是一切有部及经部等的"非如来语皆转法轮，非佛语一音能说一切法，乃至广说"。未对《解深密经疏》中"所诠宗者，略有四种：一存妄隐真宗……二遣妄存真宗……三真妄俱遣宗……四真妄俱存宗"展开解释。其后又列举了窥基大师"慈恩八宗"中的"二有法无我宗""四现通假实宗者"两宗的内容。

第二部分：第 574 行"四百年后"至第 752 行"涂我法二执故"，是对圆测撰写的《解深密经疏》卷第一的 "第三显所依为"部分内容的解释。《解深密经疏》"第三显所依为"原文说"自有两种：一显教所依。二显教所为"，说明本经所根据之立场："于二藏之中，本经系根据菩萨藏；于三藏之中，则根据阿毗达摩藏；于十二部经之中，根据论议经；于五教门中，则根据观行门"。第 574 行至第 596 行为龙树菩萨传记。第 597 行至第 646 行为鸠摩罗什大师的传记。此二大师传记内容，与《金刚映卷上》卷第一中龙树菩萨、鸠摩罗什大师传记文字完全一致。后又对"菩提流支、一时教、随何时处、摩尼、月影随水缘现者"进行了解释。第 665 行至第 693 行是"昙无谶"大师的传记，其抄写内容与《金刚映卷上》卷第一中昙无谶大师传记文字完全一致。

第三部分：第 752 行"三性义者"至第 1533 行"故名渐灭也"，是对圆测撰写的《解深密经疏》的"第四依文正释"卷二至卷九部分内容的解释。P. 2258 写本中没有"依文正释"这个标题，直接对"依文正释"正文中的内容进行解释。此部分内容，可以按照《解深密经疏》卷二至卷九的分法，分为六个部分，现按照每卷的内容详细列举如下。

卷四。第 752 行"三性义者，初遍计所执性"至 813 行"三性别即诸教"，对"三性、三无性"引用《成唯识论》的概念界定进行了解释。对"依他起性"的解释，原文和 P. 2258 写本都引用了《摄大乘论》，原文是"刹那后，无有功能，自然住故，名依他起"，而 P. 2258 写本是"为法生刹那后，无有势力，自然而住名依他起"。"功能"和"势力"用词不同，很有可能是本卷抄写者引用的翻译本子不同导致。"圆成实"内容的解释基本和原文一致。对"三无性"引用《成唯识论》

《摄大乘论》《解深密经》的内容进行了解释。

卷五。第 813 行"疏云波罗泥斯者"至 998 行"入十信之位"，对"波罗泥斯、施鹿林、初密意说、无自性、大乘者、了义之言、三种法轮、五法三自性等、三皈五戒、十善、三乘有行之教"进行了解释，尤其是对"施鹿林"和"初密意说"的解释更为详细。P. 2258 写本作者没有引用窥基大师撰写的《妙法莲华经玄赞》卷四中"梵云婆罗疕斯，云波罗奈，讹也"这句话去解释作者抄写的"疏云波罗泥斯者"，紧接着"梵云婆罗疕斯，云波罗奈，讹也"的下文就是"施鹿林"的内容，P. 2258 写本的解释文字却基本引用了《妙法莲华经玄赞》卷四中"施鹿林"文字。第 930 行"南山宣律师感通记云"至第 976 行，内容与《妙法莲华经玄赞》卷四文字完全一致，但《妙法莲华经玄赞》卷四中没有"南山宣律师感通记"这几个字。遍查南山道宣律师的著作，其中有《道宣律师感通录》，且该文中没有关于"提谓"的记载。第 983 行至第 998 行"又解四大本净"，全疏抄中仅此一处重复再解释的内容，比较特殊。还保留了瓒法师（唐栖复集《法华经玄赞要集》卷一"后依北京瓒法师"及无名氏的《法华经玄赞释》卷一"若依瓒法师"的语言："悟四大之本唯是真理，妄执四大以为实有，今离妄执，故云本净，忏悔已后，悟本真如，名本净也。"

卷六。第 998 行"提谓言或初地或八地"至 1078 行"三义是故说修道谛"，对"须陀洹果、趣解脱者、第五所被根、智者、二有处说、种姓、四谛"等进行了解释。其中"趣解脱者"须用"十六心观"。"第五所被根"即将众生按照根性不同，分为"声闻、缘觉、菩萨、不定乘性、无涅盘性"五种，对五种人采取不同的度法。"智者"此处解释为"即是佛正体之智"，仅仅专指佛，不是泛指。"种性"有二种：一无漏，二有漏。引《胜鬘经》《涅槃经》解释"一无为性"；引用《瑜伽师地论》解释"二有为性"。

卷七。第 1078 行"十二因缘略疏五门"至第 1128 行"更有多义如余处说"，解释"十二因缘"。圆测《解深密经疏》原文称为"十二因缘"，P. 2258 抄写者抄写的名称为"十二缘起"，并以五门简略解释了其内容。

卷八。第 1128 行"六度义有通有别通者"至 1177 行"后二不遇缘发心也"，解释了"六度、施三种、戒三种、忍三种、精进三种、静虑三种、般若三种、七方便彼罗察者二种、力三种、智二种、三种病人"等内容 ，引用《解深密经疏》原文，更加简练地进行了抄写。其中"三种病人"是《解深密经疏》卷第八原文中所没有的，但是在卷二中有"是故诸病人，分别有三种"的内容。现引如下：

如《央掘魔罗经》第三卷。尔时大目犍连以偈问曰："云何世间病，分别说三种。或有医治差，或不能医治，或复有病人，虽得医不差。是故诸病人，分别有三种。"

尔时央堀魔罗以偈答曰："是义则不尔，不应说三种。可治不可治，唯二无有三。若作三分别，亦是声闻乘；若诸声闻乘，佛说蚊蜎乘；以彼无智故，分别有三种。"所言邪定者，谓彼一阐提；正定谓如来，菩萨及二乘。

卷九。第1177行"一阐提者" 至第1533行"故名渐灭也"，对"一阐提、摄受正法、大乘非法、重机、不成佛者、五性家、十六异论、十八部、佛、薄伽梵、四魔、摩揭陀国、俱苏密城、王号无忧、四众中龙象、边鄙众、大德众、所漏失、无知、疑、异部宗轮论、龙树菩萨、十地、提婆菩萨"进行了解释。对"一阐提"引《涅槃经》《大庄严论经》解释其内容，仍言断善阐提不可成佛。第1242行"一性家即宝法师佛性论五说一切作佛。五性家者即淄州沼法师造惠日论，明一分众生不成佛"指出：一性家法宝法师认为"一切作佛"，而淄州慧沼法师认为有一分众生不成佛。可见唐初佛教界内部仍然在对"一阐提"成佛问题的认识上不统一。"大乘非法、重机"两个解释在《解深密经疏》原文中没有，此是P.2258写本中解释抄写内容的。"十六异论、十八部"两部分共55行内容，其内容与《大乘法苑义林章·总料简章》卷一内容相同。值得注意的是"薄伽梵、四魔"两节内容是对《解深密经疏》卷第一内容的解释。第1327行至第1467行内容，与窥基的《异部宗轮论疏述记》卷一内容完全一致。

三、性质及定名

纵观 P. 2258《百法论疏抄上卷》全卷内容，其卷面书写呈现的面貌是抄写者用草书对佛教论疏内容再疏释的快速抄写。但在抄写过程中，一些内容抄着抄着就突然不见下文，留出几个字的空白，再继续抄写下文，以示抄写有遗漏，留待抄写结束以后再补充完整。该写本通卷有校对符号，这表明作者以草书快速抄写以后，作者抑或是别人对抄写内容进行过审查核对。至于后来卷子中留出的空白地方再未补充遗漏的内容，经过仔细核对检查，最可能的原因是抄者所遗漏的内容过多，无法在卷面留出的空白位置进行补充。

同时，抄写过程中出现了多处同音别字。如第 238 行"自受用身"，引文原出处《成唯识论》为"次受用身"；第 272 行"显佛"，引文原出处《大乘法苑义林章》卷七为"现佛"；第 335 行"能行义理"，引文原出处《大乘法苑义林章》卷二为"能行义利"，等等。

综合以上判断，P. 2258 草书写本性质应为快速抄写的听讲记录。

卷尾第 1535 行题"百法论述抄上卷"，与卷首"百法"相呼应。卷首卷尾标题相呼应，为什么对 P. 2258 写本的定名不完全准确呢？通过辨识 P. 2258 写本全部的内容，我们发现了其中的原因：一是沿袭敦煌写本的定名规则而导致的。敦煌遗书中，首尾有题名的，就以首尾的题名对写本进行命名；首尾缺失的，就以写本内容进行命名。P. 2258 写本首部题写有"百法"，尾部第 1535 行又题写"百法论疏抄上卷"，这样一来，首尾题名相互照应，加上写本开始部分三纸的内容，就很快确认了 P. 2258 写本的名称。二是由于本写本通卷以草书书写，内容未能全部辨识所致。P. 2258 写本从头至尾是草书书写，从第 78 行"三弁宗体"开始至第 1533 行"故名渐灭也"，其内容已经变成了对唐代圆测大师所撰写的《解深密经疏》内容解释的抄写了，而不是《百法论述抄上卷》的内容。第 78 行"三弁宗体中体者"与同一行紧接的"由那他沟也"之间仅仅留了两个字的空白，与行文中其他地方所留的空白一样，毫无异处，加上抄写者在完成该卷抄写之后，未标注出篇章行首标注符号，所以被前贤认为依然是对《百法论述抄上卷》内容解释的抄写。故而导致了该写本定名不准。

为何会产生卷首卷尾标题相呼应，但是内容主体部分却与题名不一致的失误呢？P.2258写本《百法论疏抄上卷》从开头至结尾，是一个人草书书写的笔体，这就否定了因其他人参与抄写而形成的内容与首尾标题不一致的情形。那么会不会是将每页单纸裱糊在一起的匠人造成的呢？经过仔细核对每张纸接缝粘接处前后文字内容，我们发现每张纸接缝处文字前后相连，不存在内容与文意不连贯的情况。这也就排除了因裱糊匠人单纸粘贴错误而造成的内容与标题不相符合的情况。这样一来，唯一的原因就是抄写者本人的原因了，是抄写者本人明确知道自己书写的内容主要是对圆测所撰写的《解深密经疏》内容再解释的部分，有意识地在结尾书写了"百法论疏抄上卷"这一抄写内容的书名。至于抄写者为何这么做，其原因不得而知，也不好推测。

四、书法风格特色

第一，显示了使用价值高于艺术价值的取向。本卷是为了快速记录听讲的内容而用草书书写的，整个卷面显得不整齐，竖行显得多时偏右、偶尔偏左。因为P.2258写本没有乌丝栏，所以从第1纸开始一直到第49纸结束，抄写的每一竖行基本上都是倾斜的，以至于每个页面在整体上看显得有些不工整，不过这样反而凸显了书写者书写的朴实自然和无雕琢之气。通篇草书之中偶尔夹杂行书，卷面上还有多处因写错而校改的痕迹。急于记录，使得很多地方书写不甚流畅，虽然谈不上"纯熟流畅、圆润劲秀"，但是通篇气势连贯，草书运笔"端正规范、功力深厚"的特征十分明显。

第二，为我们提供了极为重要的草书书法发展史实物资料。该写本不仅为我们提供了重要的历史、文化、宗教、语言文字等方面的研究价值，单从书体上看，P.2258写本书写的草书字体已经完全跨过了"章草"与"今草"之间的过渡期，"今体草书"为其书写特点，为纯粹的今体草书。该写本为我们展现了草书中夹杂的少量行书，以及很多俗写字、异体字、字形完全与今天简体字相同的字，还有大量的草书书写符号。书写文字的结构形态和大量的书体的变化（俗写、异体字字形），为研究中国草书书法发展史提供了第一手资料，更可为草书文字的学习提供准确、规范的样本。

　　将 P.2258 草书写本与敦博 083 号、P.2063、S.2367 等草书写本对比而论，P.2258 写本是很普通的草书作品。但就是这很普通的草书作品，所展现给我们的远比有唐一代名扬海内外的大书法家的草书作品的拓片更具价值和意义。其呈现出的用笔笔法、墨色变化，草书结体、草书符号、草书合体字、速记符号，以及通卷的校对符号等，展现了隋唐五代时期草书书法演变的真实风貌，为研究者提供了研究的第一手材料。

昙旷与敦煌草书写卷《大乘起信论略述》

◎ 姚志薇

《大乘起信论》，又称《起信论》，相传为印度马鸣菩萨所造，真谛三藏译，内容大致分为五个部分：因缘分、立义分、解释分、修行信心分、劝修利益分，是以大乘信根为中心的大乘佛法著作。全书从理论和实践两方面概括了大乘佛教的见性成佛思想，是大乘佛教最重要的入门书籍之一。敦煌藏经洞出土的唐代写本《大乘起信论略述》，是对《大乘起信论》的说明和诠释。研究《大乘起信论略述》版本、真伪、作者、抄写地点、书法风格、结字特点等问题，对了解唐代社会史和河西地方史、推进敦煌文献的书法史和美学研究，具有重要价值。

一、《敦煌草书写本识粹·大乘起信论略述》校录概述

唐代僧人昙旷所撰《大乘起信论略述》，为敦煌出土的写本文书之一，现藏于英国国家图书馆、法国国家图书馆、中国国家图书馆等机构，有楷书、草书、行草等写卷。《大乘起信论略述卷上》的草书写卷包括有 S.2436、P.2141、中村不折藏 064号。S.2436 共 31 纸，共 792 行，有宝应二载（763）纪年题记，行间补写、删改情况较多。P.2141 首全尾残，书法精美。中村不折藏 064号，仅存 67 行。《大乘起信论略述卷下》草书写卷有 P.2051、S.0125，共 11 纸 295 行，唐写本，章草，原卷写本完

整，无题记，无乌丝栏相隔，个别地方字迹潦草，有速写错误造成的多余笔道。这几件草书写本草法绝妙、体格郁茂，恰似《大令》诸帖笔法。昙旷还撰有《大乘起信论广释卷第三》，有 S.2554v、S.2367、俄 ДX.05263 三件，章草，为吐蕃统治时期、归义军时期写本。《大乘起信论广释卷第四》有 S.2721v、P.2412v 两件，为 7—8 世纪写本，章草。《大乘起信论广释卷第五》有 S.4513、S.2512v、羽 604 号、中村不折藏 080 号、浙敦 199、浙博 174 六件，其中中村不折藏 080 号有"唐代宗大历八年（773）"的题记。此外，还有羽 333v 号《大乘起信论卷一释》17 纸，其内容是对南梁真谛译本《大乘起信论》的疏释。

在马德、吕义两位先生主编的《敦煌草书写本识粹》中，《大乘起信论略述上》校注以 S.2436 为底本、P.2141 为校本。《大乘起信论略述下》校注以 P.2051 为底本、S.0125 为校本，上下卷均有朱笔分隔符，有错误删减墨痕，行右侧有小号字符补充行文漏写的内容，册页装帧形式，每行平均 27 字，全书共 1712 行。上卷通篇草书，下卷有个别楷、行、草破体书风。

二、作者昙旷生平考证

昙旷姓氏生卒年不详，现有传世敦煌文献、佛典注疏 P.2077《大乘百法明门论开宗义决》（又名《大乘百法明门论抄》），撰于大历九年（774）六月一日。序言有谓"余以冥昧，滥承传习。初在本乡，攻《唯识》《俱舍》；后游京镐，专《起信》《金刚》。虽不造幽微，而粗知卤莽。及旋归河右，方事弘扬。当侥薄之时，属艰虞之代，暮（慕）道者急急于衣食，学者役役于参承。小论小经尚起悬崖之想，大章大疏皆怀绝尔之心。……余慷兹虚度，慨彼长迷。或补前修之阙文，足成广释；或削古德之繁猥，裁就略章。始在朔方撰《金刚旨赞》，次于凉城造《起信》，后于敦煌撰《入道次第开决》、撰《百法论开宗义记》。所恐此疏旨琼文幽，学者难究，遂更傍求众义，开决疏文，使夫学徒，当成事业。"[1] 此序言可

---

[1]《大正新修大藏经》第 85 册，第 1068 页上；［日］上山大俊《敦煌仏教の研究》，法藏馆，1990 年版，第 20 页；张雪松《河西昙旷及其〈大乘起信论〉研究（上）》，《中国佛学》2016 年第 1 期，第 12 页；上海古籍出版社、法国国家图书馆编《法藏敦煌西域文献》第 4 册，上海：上海古籍出版社，1995 年版，第 219 页。

视为昙旷自序，对昙旷的个人经历、主要著述做了较为明确的阐述，对写作宗旨也做了清楚的交代。① P.2141 残卷（尾阙）《大乘起信论略述上》序沙门澄漪提到："有建康沙门昙旷者，幼而好学，长而成德，妙娴制述，善能清词。先造《广释》，后学赖焉！ 包含事理，网罗邪正。无执而不改，有疑而不皆遣。恐初心者仰崇崖而起退，望渤海而迷神，乃复撮其旨归，为之《略述》。可谓寻其源而知其流，折其干而得其枝。至如开发题端，该谈教藏；傍探异说，委辟义门；引经证成，会《论》宗趣；法喻周举，问答析疑；略而不明，具如《广释》。好博闻者，寻而究之，且欲指陈，绾摄纲要。"② 从这些记载可知，昙旷是生活在 8 世纪的僧人，大约生于武周圣历三年（700），其先在本乡学习唯识学，又研学《俱舍论》，后在长安西明寺修《大乘起信论》和《金刚般若经》。另外 S.1438v《吐蕃时期某汉人高官书仪》记载了吐蕃占领敦煌初期，沙州汉人都督索允跟随昙旷出家书状汇编，此时索允跟随昙和尚已有二十年。S.2436 题记"宝应二载（763）九月初于沙州龙兴寺写讫"③ 说明昙旷最晚到达敦煌的时间为 763 年，甚至更早。S.2729《吐蕃辰年（788）三月五日算使论悉诺罗谟勘牌子历》④ 僧尼册不再有昙旷的名字，推测昙旷大约最晚在公元 788 年逝于敦煌。⑤

三、昙旷的主要著述

据撰于大历九年（774）的 P.2077《大乘百法明门论开宗义决》和 P.2141 残

① 《大正新修大藏经》第 85 册，第 1068 页上；[日]上山大俊《敦煌仏教の研究》，法藏馆，1990 年，第 20 页。

② 《大正新修大藏经》第 85 册，第 1089 页上；黄征《敦煌草书写卷〈大乘起信论略述卷上〉考订》，《南京师范大学文学院学报》2003 年第 2 期，149 页。

③ 方广锠、[英]吴思芳主编《英国国家图书馆藏敦煌遗书》第 41 册，桂林：广西师范大学出版社，2017 年，第 70 页。

④ 中国社会科学院历史研究所、中国敦煌吐鲁番学会敦煌古文献编辑委员会、英国国家图书馆、伦敦大学亚非学院合编《英藏敦煌文献（汉文佛经以外部分）》第 4 卷，成都：四川人民出版社，1994 年，第 217—225 页；陈祚龙《关于敦煌陷蕃初期的僧尼"牌子历"》，《中国佛教》1982 年第 6 期；张雪松《河西昙旷及其〈大乘起信论〉研究（上）》，《中国佛学》2016 年第 1 期，第 15 页。

⑤ 张雪松《河西昙旷及其〈大乘起信论〉研究（上）》，《中国佛学》2016 年第 1 期，第 15 页。

卷（尾阙）沙门澄漪《大乘起信论略述上》序，可大致勾勒出昙旷游历河西传播佛法时的情况：受安史之乱影响，昙旷离开京镐之地，到达朔方（今甘肃灵台），后一路西行经凉州，最晚于唐肃宗宝应二年（763）九月抵达敦煌。途中撰写完成《金刚般若经旨赞》二卷，《大乘起信论广释》五卷，于甘州将《大乘起信论广释》五卷"乃复撮其旨归"，凝练为《大乘起信论略述》二卷。抵达敦煌后，撰写《大乘入道次第开决》一卷、《大乘百法明门论开宗义记》一卷、《大乘百法明门论开宗义决》一卷、《瑜伽师地论疏议》等佛经疏注，用以"傍求众义，开决疏文"，这些大乘佛学的集大成著作都是在唐大历九年（774）之前就已经完成的。①

吐蕃占领敦煌后，对于顿、渐之争颇感困惑，因慕昙旷之名，赞普欲邀昙旷入藏，昙旷以老病辞，应赞普赤松德赞种种问题遂将其疑惑整理为二十二问便于答复。英国国家图书馆馆藏文献 S.2674，首残尾全，尾部题："丁卯年（787）三月九日写毕，比丘法灯书。"遣使求解于昙旷，昙旷遂撰写《大乘二十二问》以答，②上引文可以表明昙旷在敦煌、藏地和赞普、佛教普罗信徒中的地位，其佛教著述在沟通汉、藏，向吐蕃传播汉传佛教方面具有重要的历史意义。

昙旷撰写的佛学著作是与当时社会背景有密切联系的，也是大乘佛教兴起的一种需要。昙旷撰写的佛学著作，是敦煌佛学义学的一个高潮。形成这种局面的政治条件是安史之乱后的中原政治动荡、少数民族聚居区政权的更迭、吐蕃管辖沙州后汉人都督信奉佛教、区域内佛教的流行和昌盛。

四、《大乘起信论略述下》写本书风

敦煌草书写本均为非经文的佛教经典疏、论、记的抄写，所以多为孤本，此类草书写本中的书法均为珍贵的真迹。这些珍贵作品，再现了当时用笔、用墨的痕迹，是研究敦煌地域书风、书法史的重要材料。这些写本从另外一个角度反映了唐代写经书体形式的丰富，也反映出唐代社会书法的流行趋势与繁荣。敦煌草

---

① 张雪松《河西昙旷及其〈大乘起信论〉研究（上）》，《中国佛学》2016 年第 1 期，第 12 页。

② 杨富学、李吉和辑校《敦煌汉文吐蕃史料辑校》（第一辑），兰州：甘肃人民出版社，1999 年版，第 24 页。

书《大乘起信论略述下》写本，具有如下一些显著特征：

第一，僧人"随听写"草书以赴急用。P. 2079《净名经关中释抄》卷上题记："壬辰年（872）正月一日，河西内都僧政京城进内朝天赐紫大德曹和尚就开元寺为城隍攘灾。僧讲《维摩经》，当寺弟子僧智惠并随听写此上批，至二月廿三日写讫。"① S. 6604《四分律戒本疏》卷一题记："亥年十月廿三日起首，于报国寺李教授阇梨说此疏，随听随记，十月二日。"② 从题记中可证实这一类的写卷为写经僧人实用性的书写体，并非简单的书法艺术创作。写经是僧人在听讲经过程中的速写记录，具有快速书写的笔法特征，兼有"用以赴急"的实用价值，草书书风别具一格。

第二，点画方圆相间。"推、拖、捻、拽"是运用毛笔时书写的走势，《大乘起信论略述下》行草书运笔时细笔纤巧，粗笔厚重，综合前贤用笔之法，有中、侧、藏、露、提、按、转折、平移、翻绞等多种方法，如第 343 行"也"、第 349 行"上"、第 444 行"何"、第 743 行"或"、第 782 行"或"。以中、侧锋相承，上下交笔偏锋过渡，如第 278 行"起心"、第 461 行"前问"、第 830 行"以明"。起讫分明的用笔既增添了笔画的线条趣味，又省略了笔笔换锋的麻烦。书法讲究用墨轻重，浓墨可增添神采，淡墨可平添趣味，如第 375 行"一""不"、第 419 行"自"、第 835 行"有"，作品在墨色变化中，有了节奏感和韵律。这方面，恰似文徵明《西苑诗》的用笔，墨色浓淡表现了笔意的苍隽洒脱，行笔锋芒毕露又温润劲秀。

第三，结字取势裹束有度。古今各书家对书法要素各执一词，但历代书法名家的书法创作在结体上都追求结构变化以适应自己的情感表达。行草的结字法大体沿用了楷书的结字方法，如启功的"黄金分割结体法"、郭沫若的"平行四边形结体法"等。汉字分独体字与合体字，后者占很大比重，合体字的上下与左右结构，形成了不同的结体规律。书法字形结体的秘密无非就是"谦让"二字。字

---

① 上海古籍出版社、法国国家图书馆编《法藏敦煌西域文献》第 4 册，上海：上海古籍出版社，1995 年，第 262 页。

② 黄永武主编《敦煌宝藏》第 49 册，台北：新文丰出版公司，1981 年，第 247 页。

体的结构、用笔孰轻孰重虽有不同考量，篆、隶、楷、行、草五种书体虽然风格不同，但笔画、结构的处理方法大多遵循内松外紧、内紧外松两种结体形式。如《大乘起信论略述下》中单字点画安排与形式布局的内紧外松、方圆兼备式：如第 164 行"心"，第 380 行"耳"，第 426 行"然"，第 726 行"逸"等；内松外紧式：如第 77 行"心"，第 407 行"至"，第 263 行"是"，第 743 行"迷"等。字与字、形与形，因字赋形与空间"谦让"，字与字分出了主次，"谦让"出了美感，也生出了和谐。

第四，虚实错落的章法空间。章法是点评一幅作品中字与字点画布置、行与行呼应关系的方法。南齐谢赫《画品》中"经营位置"虽是品评中国绘画最重要的理论，但不吝成为书法字与行递相映带的解说。唐韩方明《授笔要说》中说道："夫欲书先当想，看所书一纸之中是何词句，言语多少，及纸色目，相称以何等书，令与书体相合，或真或行或草，与纸相当。然意在笔前，笔居心后，皆须存用笔法，想有难书之字，预于心中布置，然后下笔，自然容与徘徊，意态雄逸，不得临时为法，任笔所成，则非谓能解也。"[1] 唐代张怀瓘《书议》曰："子敬才高识远，行草之外，更开一门。夫行书，非草非真，离方遁圆，在乎季孟之间。兼真者，谓之真行；带草者，谓之行草。子敬之法，非草非行，流便于草，开张于行，草又处其中间。无藉因循，宁拘制则，挺然秀出，务于简易；情驰神纵，超逸优游；临事制宜，从意适便。有若风行雨散，润色开花，笔法体势之中，最为风流者也。"[2] 元代张绅《法书通释》曰："古人写字，正如作文，有字法，有章法，有篇法，终篇结构，首尾相应，故云：一点成一字之规，一字乃终篇之主。"[3] 清代刘熙载《书概》中指出："书之章法有大小，小如一字及数字，大如一行及数行，

---

① [唐]韩方明《授笔要说》，上海书画出版社等选编，《历代书法论文选》，上海：上海书画出版社，1979 年，第 287 页。

② [唐]张怀瓘《书议》，上海书画出版社等选编，《历代书法论文选》，上海：上海书画出版社，1979 年，第 149 页。

③ [元]张绅《法书通释》，上海书画出版社等选编，《历代书法论文选》，上海：上海书画出版社，1979 年，第 543 页。

一幅及数幅，皆须有相避相形、相呼相应之妙。"[1]"字体有整齐、有参差。整齐，取正应也；参差，取反应也。"[2] 大章法包括：正文、落款、钤印等；小章法既是单字的点画，也是单字与多字之间的分布关系。书法借助线条建立了中国书法的审美形式规范。《大乘起信论略述下》的章法很重视"计白当黑"，墨当作字，空白也为字，字与字之间如：第 7、14、137、239、359、442、571、640、714、827、903 行"述　曰"等；第 13、16、141、208、233、347、412、531、682、734、837、912 行"论"等字上方的空白；行与行之间的布白如：第 350 行与 351 行、第 444 行与 445 行、第 643 行与 644 行、第 854 行与 855 行间距明显拓宽，写本中虚实相依，黑白避让，有字无字，应接自如，在黑白虚实中彼此托付，融为一体，获得独特的章法美，充实平面的层次，透露出独特的意境。

五、《大乘起信论略述》等敦煌草书写本的价值及影响

第一，文字学价值。敦煌草书写经用字独具特色，对研究字形演变历程、订正和补充现行辞书有着重要的学术价值。唐代最著名的三本正字书，《九经字样》《干禄字书》《五经文字》为我们提供了唐时的正字形体和正字标准。这三本唐代字书的正字原则一脉相承，可以共同作为断定唐代俗字的统一参照系。[3] 1978 年，潘重规先生偕弟子编辑出版第一部辑录敦煌俗字的著作《敦煌俗字谱》[4]，大量收录了唐至五代敦煌写卷中流行的俗字异体；此外，《敦煌俗字谱》还将刘复、李家瑞的《宋元以来俗字谱》所收之俗字全部纳入，散附于所收敦煌俗字之后，使得原本属于六朝至宋初的敦煌俗字，得以和元以来八九百年的俗字联系起来。[5]

---

① ［清］刘熙载《书概》，上海书画出版社等选编，《历代书法论文选》，上海：上海书画出版社，1979 年，第 712 页。

② ［清］刘熙载《书概》，上海书画出版社等选编，《历代书法论文选》，上海：上海书画出版社，1979 年，第 711 页。

③ 郝茂《论唐代敦煌写本中的俗字》，《新疆师范大学学报（哲学社会科学版）》1996 年第 1 期，第 36 页。

④ 潘重规《敦煌俗字谱》，台北：石门图书公司，1978 年；井米兰《敦煌俗字整理及研究概况》《武汉科技大学学报（社会科学版）》2001 年第 5 期，第 598 页。

⑤ 刘复、李家瑞《宋元以来俗字谱》，北京：文字改革出版社，1957 年；井米兰《敦煌俗字整理及研究概况》，《武汉科技大学学报（社会科学版）》2001 年第 5 期，第 598 页。

依赖于敦煌学前辈对敦煌写经俗字的整理和辑录，我们在对敦煌俗字理论及其类型的研究中，可以进一步了解唐代僧人对佛经著述的文字书写变化，证实敦煌写经书写将俗字部分纳入后世的正体书写中，它不但遵循汉字的内部发展规律，又最大限度地尊重汉字在敦煌区域内用于佛典中流通的实际情况。

第二，书法学价值。现代书法多从古代名家张芝、李斯、钟繇、王羲之、王献之、孙过庭、欧阳询、颜真卿、褚遂良、怀素、苏轼等人的书法进行梳理研究，对敦煌写本鲜有提及。写卷中多有书法佳作，可为后人研习提供重要法帖，其宽阔的文化视野也同样具有书法理论研究价值。吕义《唐净眼因明论草书释校》、黄征《敦煌草书写卷〈大乘起信论略述卷上〉考订》等选择了敦煌草书写本校释，供学习书法者研究临摹使用，并从书法史和书法艺术审美角度探寻草书写本书法发展的脉络和轨迹，确定敦煌草书写本书法的历史地位和作用。

第三，历史文献价值。昙旷的相关著述写本均为唐五代时期的写本，这批文献的时间在唐肃宗宝应二年（763）九月昙旷到达敦煌之后，至宋咸平五年（1002）敦煌藏经洞封闭之前。这些草书写经均为昙旷对佛教经典的注疏、解释，大多为孤本，也无传世资料作为印证，具有极高的文献价值。作为敦煌草书写本，此类写卷书法精美，而且大多经过校勘，可发挥重要的勘误校正作用。就草书本身而言，至今尚无专门的整理和研究成果。以 P.2051《大乘起信论略述下》的整理和校勘为例，与《大正新修大藏经》本互校，发现有三百多处可以订正的内容。该写本与作为校本的 S.0125 是经过校勘的写本，从中我们可以进一步了解唐代写经手对著述的书写形式等。

第四，宗教文本价值。唐代讲经主要分为三类，即僧讲、尼讲和俗讲（斋讲）。僧尼讲法社会影响力有限，主持讲经仪式的主要为有威望和学识的高僧大德。僧讲是在僧人安居月期间不集俗人的传法讲道，是以经注为本，演说经义。僧讲使用的底本多带有"释""疏""开决"等比较专业的词汇，其论疏内容为解释经文，但侧重义理阐释，较为晦涩难懂。①《大乘起信论略述》是阐释佛教经典

---

① 林世田、杨学勇、刘波《敦煌佛典的流通与改造》，兰州：甘肃教育出版社，2013 年，第 415 页。

《大乘起信论》的著作，其著述的目的在于进一步宣扬佛法。昙旷在著述五卷本《大乘起信论广释》之后，将其凝练为《大乘起信论略述》二卷，可见昙旷对大乘信根等概要含义的重视。

六、结语

敦煌藏经洞文献《大乘起信论略述》草书写卷，是反映唐代草书艺术与佛教历史的重要文献。写卷藏于英国国家图书馆、法国国家图书馆、中国国家图书馆等地，具有赴急式行草书体、拨镫有序的笔法、裹束有度的结字特征、虚实错落的章法空间等整体书写特征。参照《大正新修大藏经》第85册和藏经洞其他写本，对其进行识读、校订、注释和赏析，对于研究唐代书法史和敦煌草书艺术具有重要价值。

本文系甘肃省哲学社会科学规划项目"敦煌草书写本书风与字形研究"阶段性成果，项目批准号为2023QN028。

上元春暖日猶綿、小瓶花叢
愈紅妍。祝願友人如藥樹、
期頤之壽又增年！、
愛紅上元廣見採擂，无發弘揖。
喜丙晚诗、以照友人。吕义

常記溪亭日暮沈醉不知歸
興盡晚回舟誤入藕花深
處爭渡爭渡驚起一灘鷗鷺

李清照詞如夢令 吳浩

古木隂中繋短篷杖藜扶
我過橋東沾衣欲濕杏花
雨吹面不寒楊柳風

京時和尚志南絶句余少時每於
春日書以河畔首誦之今去年是志意

東風嫋嫋泛崇光香

霧月轉廊只恐夜深空瞳

去故燒高燭照紅妝

东坡先生海棠诗余少年

丙甲午春審六十七書

天街小雨润如酥草色遥看近却无

最是一年春好处绝胜烟柳满皇都

庚辰念初春小雨韩愈诗

甲午仲春子嵩书

半亩方塘一鉴开

天光云影共徘徊

问渠那得清如许为有源

头活水来 朱熹诗

甲午夏 孟庆深

日照香炉生紫烟遥看

瀑布挂子川花流鱼六

三千尺将疑是银河落九

天 太白诗壬寅夏吾□

白日依山尽 黄河入海流 欲穷千里目 更上一层楼

言海

一枝寒梅出玉溪迴临邨
蕊傍溪橋六出未迎和云先
對光猶自含香来铸

庚辰調子梅詩 王濤

昨夜雨疏風驟濃睡不消殘

酒試問卷簾人卻道海棠依

舊知否應是綠肥紅瘦

李清照詞如夢令　夢谷

胜日寻芳泗水滨
无边光景一时新
等闲识得东风面
万紫千红总是春

朱熹诗 吕金光书

206

石室迢迢隔蓬莱

萬籟沈沈夜向中心目交馳

句一亞言涼秋未

如中作實秋淑平疾

久世此沈夕人自涼

语小睡道人丙申首二

罣礙無罣礙故無有
恐怖遠離顛倒夢
想究竟涅槃三世
諸佛依般若波羅
蜜多故得阿耨多
羅三藐三菩提故
知般若波羅蜜多
是大神咒是大明
咒是無上咒是無
等等咒能除一切
苦真實不虛故說
般若波羅蜜多咒
即說咒曰
揭諦揭諦
波羅揭諦
波羅僧揭諦
菩提薩婆訶
般若波羅蜜多心
經

沙門玄奘譯
辛卯秋公
呂義書

增歲增福

樂享吉春

賀仲之頌

七十六叟吾當敬書

般若波羅蜜多心
經 觀自在菩薩行深
般若波羅蜜多時
照見五蘊皆空度
一切苦厄舍利子
色不異空空不異
色色即是空空即
是色受想行識亦
復如是舍利子是
諸法空相不生不
滅不垢不淨不增
不減是故空中無
色無受想行識無
眼耳鼻舌身意無
色聲香味觸法無
眼界乃至無意識
界無無明亦無無
明盡乃至無老死
亦無老死盡無苦
集滅道無智亦無
得以無所得故菩

祝願大家
百病不侵
躬如藥樹
金剛之身

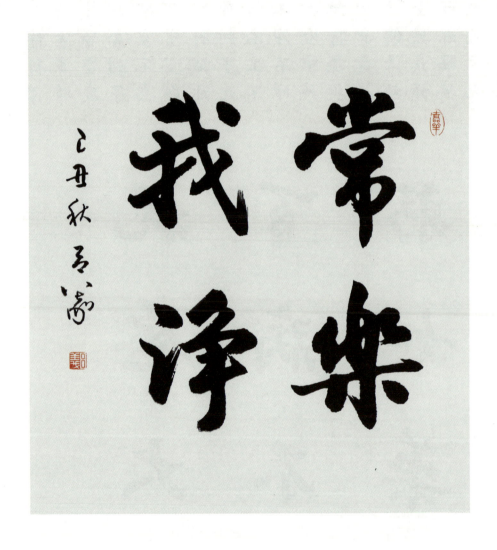

常樂我淨

乙丑秋吕濤

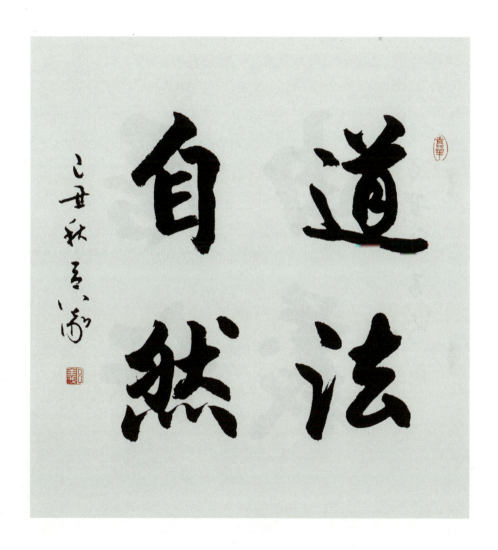

居仁由義

乙丑秋 吕守

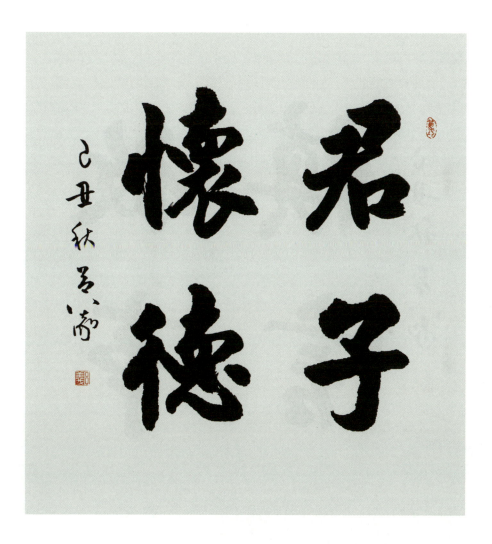

君子
懷德

乙丑秋景齋

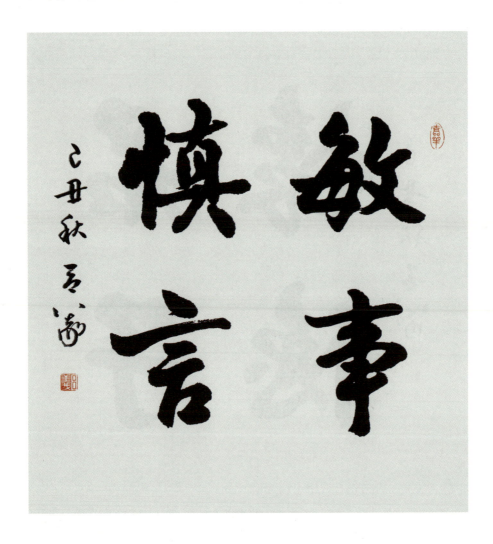

敏事慎言

乙丑秋 吴□□

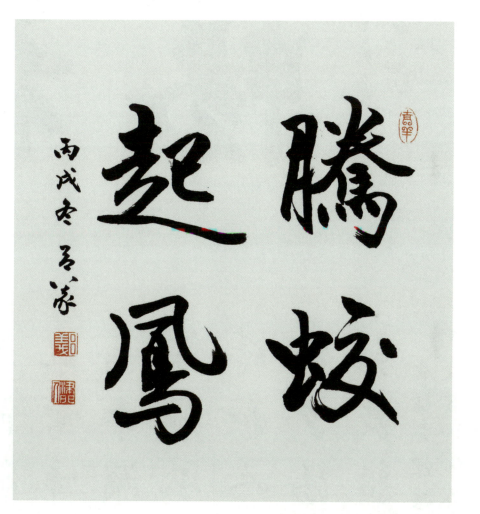

腾蛟起凤

丙戌冬 吕八荣

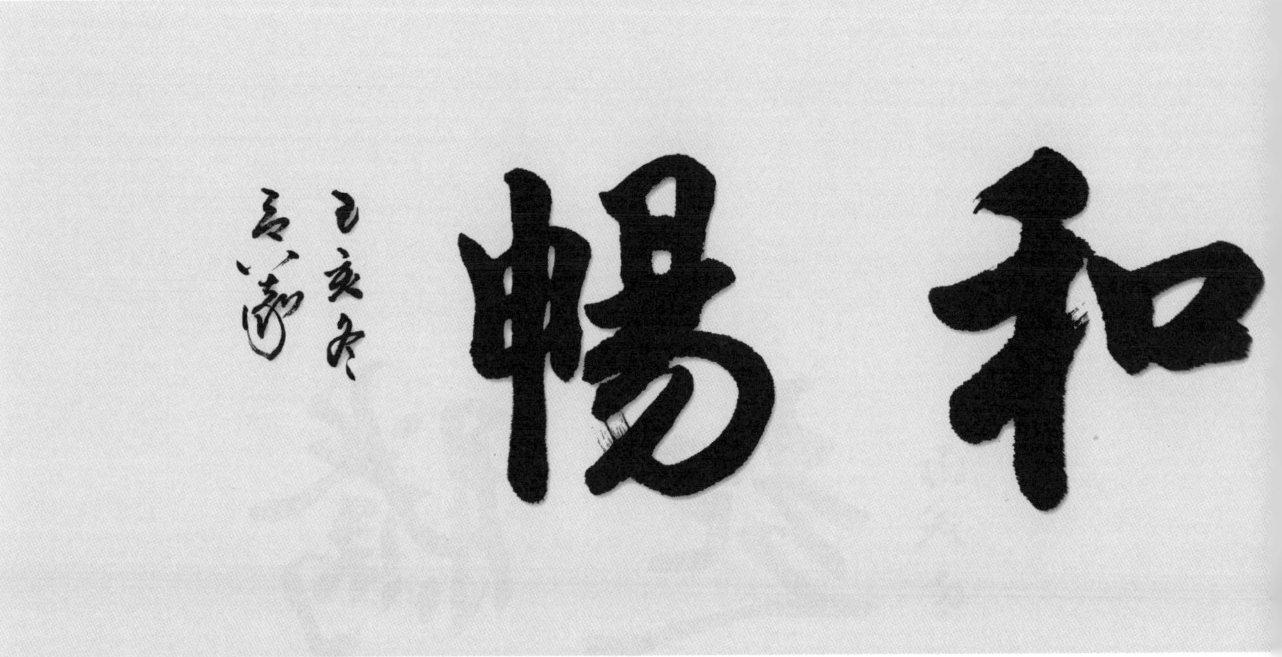

和暢
己亥冬 云谷

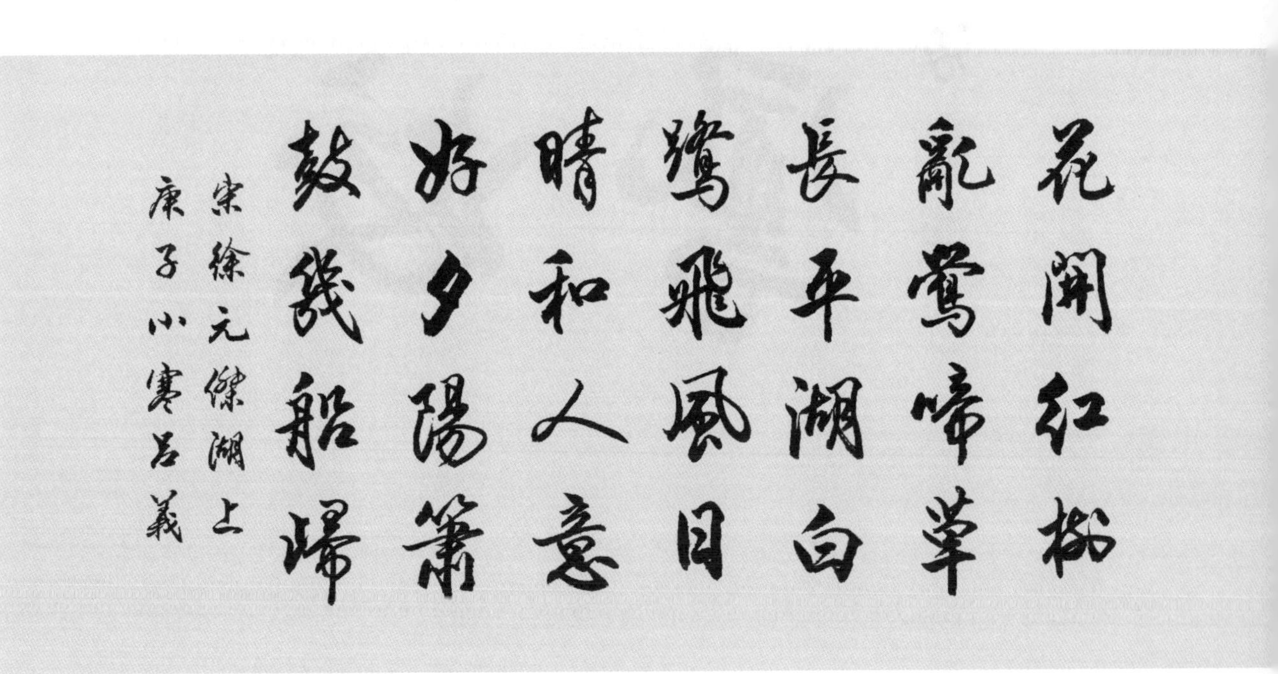

花開紅樹
亂鶯啼草
長平湖白
鶯飛風日
晴和人意
好夕陽簫
鼓幾船歸
宋徐元傑湖上
庚子小寒吕義

春江潮水
連海平海
上明月共
潮生灩灩
隨波千萬
里何處春
江無月明
錄唐張若虛春江
花月夜 呂義